W0087605

© 2013, Elisabeth Sandmann Verlag GmbH, München
ISBN 978-3-938045-80-0
Alle Rechte vorbehalten

Texte © 2013 Thomas Blubacher, Basel
Redaktion Sabine Durdel-Hoffmann, Eva Römer
Gestaltung Kuni Taguchi
Herstellung Karin Kotzur, Peter Karg-Cordes
Lithografie Jan Russok
Druck und Bindung Neografia, Martin

Besuchen Sie uns im Internet unter www.esverlag.de

THOMAS BLUBACHER

FREI UND INSPIRIERT

Sehnsuchtsorte
der Dichter, Denker, Künstler und Aussteiger

**ASCONA · ATTERSEE · CAPRI · BALI
ST. MORITZ · HIDDENSEE**

ELISABETH
SANDMANN

INHALT

FREI UND INSPIRIERT:

Sehnsuchtsorte der Dichter, Denker, Künstler und Aussteiger

Ascona, Bali, Capri – bis heute weckt der Klang dieser Namen, der auf magische Weise ein Versprechen in sich zu tragen scheint, unsere Sehnsucht nach Süden und Sonne, nach Muße und Genuss. Wohl alle träumen wir vom Ausstieg auf Zeit, von Rückzugsräumen, in denen wir Atem schöpfen können, von Orten, an denen sich die Seele erhellt und sich enthoben vom Alltag unser Bewusstsein weitet. Die Kreation solcher Sehnsuchtsorte, dieser Projektionsflächen für unterschiedlichste Wünsche und Bedürfnisse, für Idealvorstellungen von einem besseren Leben und einer heileren Welt, war nicht zuletzt ein Phänomen des ausklingenden 19. und frühen 20. Jahrhunderts, als der alljährliche Wechsel von der Stadt in die Sommerfrische zwar kein Privileg des Adels mehr, Urlaub aber längst noch kein Massenphänomen aller Schichten war und nicht nur arkadische Landschaften für die meisten unerreichbar schienen. Es waren vor allem Künstler und Literaten, die eine Luftveränderung, ein günstigeres Klima und das gepflegte Nichtstun in üppig blühenden Tropenwäldern, an palmengesäumten Sandstränden oder am Fuße schneebedeckter Berge suchten, aber auch die notwendige Ruhe und Anregung für ihre Arbeit weitab vom hektischen Großstadtleben. Sie ließen sich von den blaugrün in der Sonne schimmernden Seen des Oberengadins inspirieren und von der kargen Dünenlandschaft der Ostseeinsel Hiddensee, nahmen das andere Licht dieser Naturszenerien, die ungewohnten Farben, Düfte und Klänge in sich auf, fühlten sich in Harmonie mit der Natur oder von deren unbändiger Kraft herausgefordert. Fern der städtisch-bürgerlichen Gesellschaft experimentierten Künstler und Denker mit alternativen Lebensentwürfen und befreiten sich von den Konventionen, von einer als rigide empfundenen Sexualmoral ebenso wie von den bürgerlichen Kleidungszwängen der »muffigen« Wilhelminischen Ära. Wesentlich war nicht zuletzt der intensive Austausch mit Kollegen. So entstanden streng organi-

sierte Lebens- und Arbeitsgemeinschaften und lockere nachbarschaftliche Beziehungen, so kam es aber auch zu zufälligen und eher sporadischen, wenngleich prägenden Begegnungen. Mancher fand an seinem Sehnsuchtsort eine neue Heimat, wie der vielfältig begabte Walter Spies auf der noch ursprünglichen exotischen Insel Bali, andere genossen eine inspirierende Gegenwelt auf Zeit in der alljährlichen Sommerfrische am österreichischen Attersee oder beim Aufenthalt in einem mondänen St. Moritzer Grand Hôtel – auch dieses ein Gegenort zum häuslichen Domizil und nicht zuletzt eine strahlend ausgeleuchtete, international beachtete Bühne der Selbstdarstellung. So eng deren Bezüge untereinander auch sein mögen, sind die sechs für diesen Band beispielhaft ausgewählten Sehnsuchtsziele doch ebenso unterschiedlich wie die Schicksale und Utopien jener Literaten, Maler und Musiker, die mit den porträtierten Orten verbunden sind. Vegetarische Sexualasketen, nackte Sonnenan-

beter und edelanarchistische Aussteiger gehören ebenso dazu wie hoch dotierte Staatskünstler und einige der exzentrischsten Mitglieder der Großstadtboheme, darunter neben heute nahezu vergessenen Größen bekannte Namen von Gustav Mahler und Gustav Klimt über Rainer Maria Rilke, Thomas Mann, Gerhart Hauptmann und Hermann Hesse bis Franziska zu Reventlow, Else Lasker-Schüler und Vicki Baum. Manche von ihnen haben unsere Vorstellung dieser Sehnsuchtsorte, die bis heute das Fernweh wecken, nachhaltig geprägt durch die Werke, zu denen sie dort angeregt wurden und in denen sie ihre Eindrücke künstlerisch verarbeiteten. Dieses Buch will dazu einladen, sich auf die Spuren jener Künstler und Denker zu begeben und dem nachzuspüren, was sie vor Jahrzehnten fasziniert und inspiriert hat – aber auch dazu, selbst Atem zu schöpfen, sich freier zu fühlen und vielleicht den persönlichen Glücksort zu finden.

ASCONA

Utopien und Obsessionen

Hermann Hesse

Eduard von der Heydt

Ida Hofmann

Else Lasker-Schüler

Erich Mühsam

Henri Oedenkoven

Franziska zu Reventlow

Marianne von Werefkin

u. a.

DAS WELTDORF ASCONA

an nannte es das Weltdorf und ein Eldorado für Glückssucher, die »Hauptstadt der psychopathischen Internationale«[1] und ein Talentgrab. Bereits 1929 erklärte der snobistisch-elitäre *Querschnitt*, das beste Zeitgeistmagazin, das Deutschland je hatte: »Über das Paradies Ascona ist schon so viel geschrieben worden, dass es sich erübrigt, Käse in die Schweiz zu tragen.«[2] Zu Beginn des 20. Jahrhunderts zog Ascona zivilisationsmüde Aussteiger an. Vegetarische Sexualasketen, nackte Sonnenanbeter, okkultistische Scharlatane und Edelanarchisten experimentierten mit alternativen Lebensentwürfen. Angelockt vom Geist der Utopie, kamen die exzentrischen Mitglieder der europäischen Boheme auf der Suche nach Inspiration und einem kultivierten »dolce far niente«, später fanden von den Nationalsozialisten aus Deutschland vertriebene Schriftsteller und Künstler hier ein billiges Exil. In den Jahren des Wirtschaftswunders und der wachsenden Italiensehnsucht wurde das zum exklusiven Kurort avancierte Fischerdorf mit seinen schmalen Gassen und der platanengesäumten Hafenpromenade,

das seine »italianità« freilich längst verloren hatte, noch immer keinen Bahnanschluss, nun aber einen Flugplatz besaß, zum Sehnsuchtsziel einer von den Einheimischen kritisch beäugten millionenschweren transalpinen Schickeria aus Filmstars und Unternehmern; bald verunstalteten ihre Protzbauten die Collina, den höher gelegenen Teil des Ortes. Schließlich folgten auf die Invasion der Millionäre Millionen von Touristen, Anfang der 1980er Jahre bereits 200 000 jährlich. Kein Wunder, dass der Rüsselsheimer Automobilhersteller Opel 1970 den damals beinahe magischen Namen Ascona, diese Suggestion einer kontrollierten Exotik, für sein familientaugliches Mittelklassemodell wählte und es bis 1988 mehr als drei Millionen Mal verkaufte. Inzwischen machen jedes Jahr mehr als 500 000 Menschen Urlaub in diesem »seltsamsten Dorf der Welt«[3] am Lago Maggiore, der »nördlichsten Bucht des Mittelmeers«[4], wie es der Kulturwissenschaftler Karl Kerényi ausdrückte. Denn der Anblick des trotz aller Neubauten pittoresken Ortes mit seinen sonnenbeschienenen Palmen, »wo von den dunklen Berggipfeln sehnsüchtige Schönheit sich im grünwelligen See spiegelt«[5] und in der Ferne »die schneestrahlenden Zacken der Alpen«[6] leuchten, bezaubert noch heute.

Für immer verändert wurde das »große Dorf«, das Ende des 18. Jahrhunderts gerade einmal »716 Seelen«[7] bewohnt hatten, Anfang des 20. Jahrhunderts, als ein vegetarisches Sanatorium alles, was sich im deutschsprachigen Europa als »alternativ« betrachtete, anzog. Knapp 1000 Einwohner zählte die Ortschaft damals – heute sind es rund 5000 –, und obschon Karl Baedekers *Handbuch für Reisende* bereits seit 1844 »Ascona mit einem Schloss und Priesterseminar«[8] erwähnte, machten nur wenig Fremde dort halt. Nachdem 1889 der Versuch, auf dem Hügel Monescia ein theosophisches Laienkloster zu errichten, gescheitert war, kaufte im November 1900 eine Gruppe von Lebensreformern und Weltverbesserern das 3,5 Hektar große Gelände zwischen Felsen und Kastanienwäldern. Zu ihr gehörten die 36-jährige Sächsin Ida Hofmann, eine nicht zuletzt im Kampf für die Frauenbefreiung engagierte polyglotte Pianistin und Musikpädagogin, die sieben Sprachen beherrschte und in freier Ehe mit dem elf Jahre jüngeren belgischen Großindustriellensohn Henri Oedenkoven zusammenlebte – er erhoffte sich vom Aufenthalt auf dem Berg die Heilung von den Folgen syphilitischen Leidens –, dann die aus ihrem bürgerlichen Elternhaus geflüchtete Lotte Hattemer, die, von religiösen Wahnideen befallen, 1906 unter mysteriösen Umständen starb, sowie der ehemalige k. u. k. Offizier Karl Gräser, der später den Schmuck seiner Frau Jenny, einer Konzertsängerin und Ida Hofmanns Schwester, in der Erde vergrub (»Gold und Edelsteine gehören dem Erdboden, und ihr Besitz ist frevelhafter Raub an der Natur«[9]), und sein Bruder Gustav, einst Kunstschüler Karl Wilhelm Diefenbachs, jenes malenden Pioniers der Freikörperkultur, der sein Heil zuletzt auf Capri suchte. Gusto Gräser war »Vollblutvegetarier, hatte lange, wallende Christushaare, einen ebensolchen Voll- und Schnurrbart, trug eine Art Toga aus Sackleinwand auf dem Leib, die mit Holzstäbchen zusammengehalten war, darüber einen breiten Ledergürtel, darunter eine kurze Hose und an den Füßen Ledersohlen, die er mit Spagatschnüren festgebunden hatte«, schilderte der bayerische Schriftsteller Oskar Maria Graf, der 1912/13 auf dem Monte Verità lebte, den Totalaussteiger, vor dem die Asconeser Kinder, sich bekreuzigend, niedergekniet sein sollen. »So sanft war er, dass er nicht einmal seine Läuse und Flöhe tötete; so völlig hatte er sich der Natur genähert, dass er wie eine Ziege stank.«[10]

Die Bewohner des Monte Verità nahmen für sich nicht in Anspruch, im Besitz der »Wahrheit« zu sein, sondern strebten danach, »wahrhaftig« zu leben. Sie errichteten auf dem Gipfel das sogenannte »Zentralhaus«. Unten (v. l. n. r.): An dessen Treppe posieren Hermann Hesse (mittig), der Fastenkünstler Arnold Ehret, Henri Oedenkoven, Ida Hofmann mit Mitarbeitern und Gästen.

Die neuen Besitzer gaben dem Hügel den Namen Monte Verità, nicht etwa weil sie für sich in Anspruch nahmen, im Besitz der »Wahrheit« zu sein, sondern weil sie sich bemühen wollten, »wahrhaftig« zu leben. Sie strebten, so Ida Hofmann in ihrer eigenwilligen Orthografie, »entgegen dem oft lügnerischen gebaren der geschäftswelt u. dem her konvenzioneler forurteile der geselschaft« danach, »in wort u. tat ›war‹ zu sein, der lüge

zur fernichtung, der warheit zum sige zu ferhelfen«[11]. »Vegetarier mit teils ernsten Lebensauffassungen, teils höchst spleenigen Erlösungsideen hatten sich an den Abhängen des Lago angesiedelt, bauten Obst, lebten von Rohkost, lobten den Herrn oder sich selbst«[12], beschrieb Erich Mühsam diese Kommunarden. Sie griffen zum Spaten, errichteten – auch mithilfe der ersten Besucher, die meist nur wenige Wochen mitarbeiteten – das sogenannte »Zentralhaus« auf dem Gipfel sowie einige auf dem Gelände verstreute Holzhütten und pflanzten 300 Obstbäume. Als Anhänger eines radikalen »Vegetabilismus« mieden sie konsequent alle tierischen Produkte, also auch Eier, Milch und Honig, und ernährten sich hauptsächlich von rohen Früchten; zumindest im ersten Jahr verzichteten sie nämlich auch auf das Kochen. Er sei sehr krank gewesen und »durch die fleischlose Diät geheilt worden«, bekannte Oedenkoven, fühle sich nun leistungsfähiger und »moralisch ruhiger, fester; auch intellektuell: erfasse alles viel schneller und klarer als früher«[13]. Und Ida Hofmann sekundierte, indem sie als Gegenbeispiel die sich traditionell von rohem Rentierfleisch ernährenden »Lappen«, wie die Sámi damals genannt

Erhebliche Summen wurden investiert, 1904 mit
großem Aufwand Leitungen verlegt, und im
selben Jahr erstrahlte elektrisches Licht auf
dem Berg – eine Novität für Ascona. Am Eingang
zur Anlage errichtete man ein Tor mit dem
Schriftzug »Sanatorium Monte Verità«.

wurden, heranzog und als »ganz degeneriertes, leprakrankes
Volk«[14] diffamierte.

Zunächst gab es kein fließendes Wasser auf dem Berg, man
musste es mühsam von unten heraufbringen, doch 1904 wurden
mit großem Aufwand Leitungen verlegt, und im selben Jahr erstrahlte elektrisches Licht auf dem Berg – eine Novität für Ascona.
Oedenkoven investierte erhebliche Summen, es gab im Zentral-
gebäude neben dem Speisesaal ein Musikzimmer und eine Bibliothek, eigens für Sonnenbäder im Winter entstand eine große
Glashalle, die meisten »Lichtlufthütten« wurden mit Kachelöfen
ausgestattet, und am Eingang zur Anlage errichtete man ein Tor
mit dem Schriftzug »Sanatorium Monte Verità«. Die radikal zivi-
lisationskritischen Gräsers hatten, enttäuscht von dieser Entwick-
lung, das gemeinsame Unternehmen da schon längst wieder verlassen und eine eigene Gemeinschaft auf dem benachbarten
Monte Gioia gegründet. Ging Gusto nicht auf Wanderschaft, diente ihm seit 1903 eine Felsenhöhle bei Arcegno als Obdach. So war

die ursprüngliche Reformkolonie auf dem
Monte Verità, das »Refugium einiger In-
dividual-Ethiker«, nach und nach in ein
»ethisches Kollektiv-Etablissement« um-
gewandelt worden, wie Mühsam meinte,
»die Heil- und Erholungsanstalt ›Monte
Verità‹, für die ich, da man dort mit
nichts als rohem Obst und ungekochtem

Gemüse gefuttert wurde, den Namen ›Salatorium‹ in Umlauf
brachte«[15]. Der anarchistische Schriftsteller und spätere Münchner
Räterevolutionär war 1904 zusammen mit seinem Lebenspartner
Johannes Nohl eigentlich auf dem Weg nach Capri, folgte aber –

Rechte Seite: August Engelhardt (rechts), Anhänger des »nackten Kokovorismus«, mit seinem Freund August Bethmann und dessen Braut Anna Schwab 1906 auf Kabakon (Papua-Neuguinea; damals Teil der Kolonie Deutsch-Neuguinea): »Nackter Kokovorismus ist Gottes Wille. Die reine Kokosdiät macht unsterblich und vereinigt mit Gott.«

nicht zuletzt aus Geldmangel – dann doch der Einladung Raphael Friedebergs nach Ascona. Dieser wohlhabende Arzt, einst sozialdemokratischer Reichstagsabgeordneter, der zum »Vater der Askoneser Anarchisten«[16] werden sollte (Fürst Pjotr Alexejewitsch Kropotkin verbrachte von 1908 bis 1913 jeden Sommer in Ascona), hatte sich dort kurz zuvor niedergelassen und Mühsam geraten, dass »eine konsequente Kur auf dem Monte Verità sehr nützlich sein werde«[17]. Mühsam erzählt weiter: »So wurde ich zu den Rohköstlern gesteckt und mir eine ›Lufthütte‹ als Behausung zugewiesen. Von früh bis spät kaute ich nun Äpfel, Pflaumen, Bananen, Feigen, Wal-, Erd- und Kokosnüsse – es war schauderhaft, und ich fühlte meine Kräfte schwinden. Vierzehn Tage hielt ich's aus, dann ging ich zum Direktor und klagte ihm, dass ich dabei zugrunde gehen müsse. ›Oh‹, sagte der, ›das ist nur die Krise, die muss jeder durchmachen.‹ – ›Aber‹, meinte ich, ›wenn ich nun die Krise nicht überstehe? Wenn ich dabei auf der Strecke bleibe?‹ Herr Oedenkoven sah mich streng an: ›Das kann ja sein; aber dann ist gar nichts an Ihnen verloren!‹ Da ging ich ins Dorf hinunter, setzte mich in eine solide Osteria, ließ mir ein Beefsteak geben, trank einen halben Liter Wein dazu und rauchte danach eine große, dicke Zigarre. Nie hat mir eine Mahlzeit so geschmeckt, nie mich eine so gekräftigt und dem Leben gewonnen. Friedeberg ergötzte sich sehr, als ich ihm Bericht erstattete, und bezahlte willig die selbstverordnete Salatoriumskur.«[18]

Zu den ersten Besuchern des Monte Verità gehörte August Bethmann, ein sexuell enthaltsam lebender »Frugivor«, der später auf die Pazifikinsel Kabakon übersiedelte und dort mit August Engelhardt den »nackten Kokovorismus«[19] lebte: Sie verzichteten auf jegliche Kleidung und ernährten sich vorwiegend von Kokos-

nüssen. Ebenso zu Gast war der Naturapostel Gustav Nagel, der, obschon er dabei jämmerlich fror, selbst bei Schneegestöber nackt umherlief, lediglich in eine wollene Decke gehüllt, ein Verfechter nicht nur der Tabak- und Alkoholabstinenz, sondern auch der »freien libe« und – wie man unschwer merkt – einer »neuen ortografi«[20]. Karl Vester traf 1902 ein, wanderte zwar schon bald nach Samoa aus, kehrte aber nach gut zwei Jahren zurück und blieb als der »letzte noch lebende Natur-Apostel vom Verità«[21] bis zu seinem Tod 1963 ein Dorforiginal. 1904 kam der Bildhauer Max Kruse erstmals auf den Monte Verità, gemeinsam mit seiner Geliebten Käthe Simon, die unter ihrem späteren Ehenamen Käthe Kruse die wohl berühmteste Puppenmacherin der Welt werden sollte. Während der Professor nach Berlin zurückkehrte, blieb Käthe bis zur Heirat 1910 mit ihren beiden Töchtern und einem Dienstmädchen in Ascona und bezog 1905 den Roccolo, einen Turm unterhalb des

Der spätere Literaturnobelpreisträger Hermann
Hesse ließ sich beim Nacktwandern fotografieren – freilich nur in Rückenansicht. Rechte Seite:
1907 kam der unter dem Künstlernamen Fidus
bekannte Jugendstil-Illustrator Hugo Höppener
auf den Monte Verità. Sein *Lichtgebet* wurde bald
zur Ikone der Jugendbewegung.

Monte Verità, der einst der Vogeljagd gedient hatte. Zum Weih-
nachtsfest desselben Jahres bastelte sie für die Tochter »Mimerle«
aus einem Handtuch, das sie mit Sand füllte, und einer Kartoffel,
die als Kopf diente, ihre allererste Puppe.

Spätestens mit der förmlichen Gründung der »Vegetabilischen
Gesellschaft des Monte Verità« fand der genossen-
schaftliche, im Ansatz urkommunistische Versuch
der Gründer ein Ende. Das Sanatorium sollte und
konnte auf Dauer kein Zuschussbetrieb sein, und
so wurde es zur kommerziell geführten »Hotelpen-
sion mit ethischem Firmenschild«[22], die Oedenkoven 1910 durch den Kauf des benachbarten Hotels
Semiramis erweiterte. 1905 versuchte der österrei-
chische Psychoanalytiker Otto Gross, auf dem Monte Verità vom Kokain loszukommen, im Jahr darauf
unternahm Hermann Hesse dort eine längere Al-
koholentziehungskur und verarbeitete seine Eindrücke in der Erzählung *Der Weltverbesserer*. Deren
titelgebende Hauptfigur ist »ein halb nackter Vegetarier, der erste einer langen Reihe, in Sandalen und
einer Art von baumwollener Hemdhose. Er hatte,
wie die meisten Brüder seiner Zunft, außer einiger
Arbeitsscheu keine Laster, sondern war ein kindlicher Mensch von
rührender Bedürfnislosigkeit, der in seinem sonderbaren Gespinste
von hygienischen und sozialen Erlösungsgedanken ebenso frei
und natürlich dahinlebte, wie er äußerlich seine etwas theatrali-
sche Wüstentracht nicht ohne Würde trug.«[23] Im Jahr darauf kurte
Hermann Hesse erneut in Ascona, hauste, »nur mit einer Decke
ausgestattet, nackt in einer Hütte«[24], grub sich bis zu den Schultern

in Erde ein, um deren Heilkraft zu erproben, nahm nichts als Wasser und Beeren zu sich und strich nackt durch die Wälder. Der spätere Literaturnobelpreisträger ließ sich sogar als Nacktwanderer fotografieren – freilich nur in Rückenansicht –, überzeugt davon, dass »eine Regeneration unsrer Völker und ihres gesamten Lebens möglich wäre« durch die »Annäherung an das Nacktleben«[25].

Zur naturnahen Lebensweise auf dem Monte Verità gehörte selbstverständlich die Befreiung von den rigiden Kleidungsvorschriften der Zeit, man trug weite, hemdartige Kittel und knielange Hosen – oder eben ein »Luftkleid«, also gar nichts. Nicht nur Mühsam und Hesse liefen splitterfasernackt durch die Gegend, 1907 kam der unter dem Künstlernamen Fidus bekannte Diefenbach-Schüler und Jugendstil-Illustrator Hugo Höppener auf den Monte Verità. Im Jahr darauf entstand sein berühmtes *Lichtgebet*, das bald zur Ikone der Jugendbewegung wurde: ein nackter junger Mann, der auf einem Berggipfel mit weit gespreizten Armen die Sonne anbetet. In mit Bretterzäunen umgebenen »Lichtluftbädern« setzte man den unbekleideten Körper der Sonne aus, nackt jätete man auch Gemüsebeete, nackt turnte und nackt tanzte man. Während die meisten Asconeser den »balabiott« (»Nackttänzern«) mit Misstrauen begegneten, pilgerten eigens mit dem Dampfer aus Italien angereiste Schaulustige auf den Berg, um jene seltsamen Menschen zu sehen; 50 Rappen kostete ein Blick auf die Nackten. Eine weitere Einnahmequelle erschloss man sich mit dem Verkauf von Postkarten, herausgegeben vom »Verlag des Sanatorium M.V.«: Sie zeigten beispielsweise den Nudisten Erich

Die Schriftstellerin und Bohemienne Franziska
Gräfin zu Reventlow (hier mit ihrem Sohn Rolf)
reiste aus München nach Ascona, um dort durch
die Scheinehe »mit einem heruntergekommenen
baltischen Baron« dem Bankrott zu entgehen.

Mühsam bei der alten Felsenmühle oder die Kommunarden bei
der Gartenarbeit – selbstverständlich ebenso nackt.

Die Gäste – für den Dadaisten Hugo Ball »eine Menge schaf-
blöder Naturmenschen«[26] – kamen vor allem aus Europa. Deutlich

mehr als ein Drittel waren Deutsche, gefolgt von
gut 16 Prozent Schweizern und knapp zwölf Prozent
Russen, doch führt das *Fremdenblatt Locarno und
Umgebung* für den Monte Verità in diesen Jahren
auch Besucher aus den USA und Argentinien an.[27]
Zu den zahlreichen Künstlern und Prominenten
unter ihnen gehörte die Schriftstellerin und Bohemienne Franziska Gräfin zu Reventlow, die aus
München anreiste, um hier durch die Scheinehe
»mit einem heruntergekommenen baltischen Baron« dem Bankrott zu entgehen. »Er verfolgt dabei
den Doppelzweck, seine Familie zu schikanieren
und ihr zu imponieren, und hat als Belohnung für
die mutige Tat die Hälfte seiner Erbschaft ausge-
setzt. (Der Vater ist schon 78.)«[28] Dem alkoholkran-
ken und beinahe tauben Alexander von Rechen-
berg-Linten war eine glücklich verheiratete italienische Waschfrau
»ins Herz gekrochen«[29], die er unmöglich ehelichen konnte, doch
wollte er unbedingt ihre Tochter zu seiner Erbin machen. Da er
nur als Verheirateter frei über sein Erbe verfügen konnte und dieses sonst nach russischem Recht an seine Geschwister gefallen wäre,
musste er eine standesgemäße Ehefrau finden, die über die ver-
einbarte Summe hinaus keinerlei Ansprüche stelle. Als Erich Mühsam davon gehört hatte, hatte er umgehend die Reventlow kontak-
tiert, die kurzerhand erklärt hatte: »Rechenberg ist ganz praktisch.

Da brauche ich ja nicht einmal die Monogramme in den Taschen-
tüchern umzusticken.«[30] Schon bald jedoch klagte die nach Ascona
Übergesiedelte: »Aber es ist ein raues und beschwerliches Dasein,
und mein anfängliches Pläsier an Ascona ist längst verflogen.«[31]
Und wenige Wochen nach der Trauung schrieb sie 1911: »Ich glau-
be, Ascona ist wie ein Tropenklima, das einen allmählich auffrisst.
Man hat immer Blei in den Beinen und im Kopf.«[32] Letztlich erbte Rechenberg 1913 nur den Pflichtteil – sein Vater hatte die Komödie wohl durchschaut –, und schließlich machte auch noch die
Locarneser Bank, auf der Fanny Reventlow ihre Hälfte des Erbes
deponiert hatte, Konkurs. Selbst der bekannte Jurist und Sozial-
ökonom Max Weber, der eigens angereist war, um die verarmte
Gräfin rechtlich zu beraten, hatte ihr nicht helfen können. Glücklich wurde sie am Lago Maggiore also nicht.

Eine andere berühmte Besucherin hingegen suchte Ascona
nicht auf, um dort ihr Glück zu finden, sondern um ihr Leid zu
vergessen. 1913 kam die irisch-amerikanische Tänzerin Isadora

Rechte Seite: Von 1913 an war die »Schule für
Kunst auf Monte Verità« dort untergebracht, der
Ungar Rudolf von Laban (ganz links) lehrte
»Tonkunst« und vor allem »Bewegungskunst«.
Unten: Isadora Duncan mit ihren Kindern.

Duncan auf den Monte Verità, kurz nachdem ihre beiden Kinder in Paris auf schreckliche Weise ums Leben gekommen waren. Der Chauffeur hatte vergessen, die Handbremse anzuziehen, das Auto war in die Seine gerollt, die Kinder waren ertrunken. Die Duncan verfiel dem Alkohol und der Sucht nach jungen Männern, und 1927 wurde auch ihr das Automobil zum Verhängnis, als sich ihr Seidenschal in der rechten Hinterradfelge eines Sportwagens verfing und sie erdrosselte. Aufgetreten ist die wohl berühmteste Tänzerin ihrer Zeit auf dem Monte Verità nie, obschon dieser im Jahr ihres Aufenthalts zur Wiege des modernen Ausdruckstanzes wurde. Von 1913 an war die »Schule für Kunst auf Monte Verità« dort untergebracht, der Ungar Rudolf von Laban lehrte »Tonkunst« und vor allem »Bewegungskunst«, und zu den jungen Tänzerinnen, die bis

1919 auf dem Berg auftraten, gehörten spätere Berühmtheiten wie Mary Wigman und Suzanne Perrottet, die mit Laban und seiner Ehefrau Maja Lederer in einer »ménage à trois« zusammenlebten – oder vielmehr in einer »ménage à six«, denn Laban hatte mit seiner Frau zwei Kinder, mit seiner Geliebten einen Sohn. Auch Labans Tanzschülerin Sophie Taeuber, 1915 Unterzeichnerin des *Dadaistischen Manifests*, ab 1922 die Ehefrau von Hans Arp, vor allem aber selbst als Textilkünstlerin, Malerin und Bildhauerin eine der bedeutendsten Künstlerinnen des 20. Jahrhunderts, deren Porträt heute die Schweizer 50-Franken-Note ziert, lebte und tanzte auf dem Monte Verità.

Überhaupt kamen immer mehr Berühmtheiten – und immer mehr von ihnen, ohne in Oedenkovens Sanatorium abzusteigen; sukzessive entwickelte sich Ascona zum Künstlerdorf. Der Maler

Richard Seewald hielt sich bereits seit 1910 regelmäßig dort auf, 1925 kaufte er ein Haus im nahen Ronco sopra Ascona und wurde dort 1931 dauerhaft ansässig. Der Rumäne Arthur Segal lebte von 1914 bis 1920 in Ascona, mietete die geräumige Casa all'Angolo unterhalb des Monte und eröffnete eine Malschule. Auch der Dadaist Hans Arp tauchte, wie seine Mitstreiter Hugo Ball und Hans Richter, immer wieder am Lago auf. Von 1918 bis 1921 lebte die Malerin Marianne von Werefkin mit ihrem Kollegen und Geliebten Alexej von Jawlensky und ihrem Dienstmädchen Helene sowie dem 1902 geborenen Sohn dieser beiden in Ascona. Dort besuchte sie das Tänzerehepaar Clotilde von Derp und Alexander Sacharoff, dessen einzigartiges Porträt Jawlensky 1909 gemalt hatte, ebenso wie der Maler Paul Klee mit seiner Frau. Nach dem Bruch mit Jawlensky blieb Werefkin in Ascona, gründete 1921 das Museo Comunale, war 1924 Mitbegründerin der Künstlervereinigung Der große Bär und lebte bis zu ihrem Tod 1938 hochverehrt in einem

Der Textilindustrielle Paul Bachrach ließ
1927 für seine Tochter, die als Tänzerin unter
dem Namen Charlotte Bara auftrat, das
Teatro San Materno errichten, Europas
einziges Theater im Bauhausstil.

Palazzo am südöstlichen Ende der Piazza. 1919 kam der aus einer psychiatrischen Klinik entwichene Friedrich Glauser, der ein Jahr lang bei Arcegno lebte, dann wegen Morphiumbesitzes verhaftet, nach einem Suizidversuch wieder in eine Klinik eingewiesen wurde und in den 1930er Jahren als Krimiautor zu Ruhm kommen sollte. Gerhart Hauptmann wollte 1919 dem Grafen Enrico de Loppinot das fast tausendjährige Castello San Materno abkaufen, doch passte dem Franzosen der potenzielle Käufer nicht, und er überließ sein Schloss dem in Brüssel tätigen deutsch-jüdischen Textil-

industriellen Paul Bachrach. Dieser ließ für seine Tochter, die als Tänzerin unter dem Namen Charlotte Bara auftrat, 1927 durch den Bremer Architekten Carl Weidemeyer das Teatro San Materno, Europas einziges Theater im Bauhausstil, auf dem Parkgelände errichten. Die Bauhauskünstler selbst kamen vor allem in den späten 1920er Jahren als Besucher nach Ascona, darunter Walter Gropius, László Moholy-Nagy und Oskar Schlemmer. Urlaub machten hier in diesen Jahren neben vielen anderen Künstlern auch Gabriele Münter und Christian Rohlfs.

Auf dem Monte Verità hatte man sich derweil immer mehr dem Publikumsgeschmack angepasst, und 1917 waren die letzten Bastionen gefallen, als der Zwang zur Reformkleidung aufgehoben und offiziell der Verzehr von Fleisch erlaubt wurde – zuvor hatte Mary Wigman für die entkräfteten Tänzerinnen heimlich »Körbe voll gebacker Schnitzel und einen großen Weinvorrat aus der Trattoria des Dorfes heraufbringen lassen«[33]. Dass Theodor Reuss,

ein deutscher Opernsänger, der sich dem Tantra und der Ritual-
magie verschrieben hatte, auf dem Monte eine Großloge und einen
mystischen Tempel seines von den Freimaurern offiziell nicht an-
erkannten Ordens Ordo Templi Orientis, kurz OTO genannt, einrichtete, blieb eine Episode mit eher peinlichem Nachgeschmack.[34]
1920 verließen Oedenkoven und Hofmann den Monte Verità und
wanderten über Spanien nach Brasilien aus, um dort eine vegetarische Siedlung zu gründen. Ihnen folgten wechselnde
Pächter, denen wenig Fortüne beschieden war, 1923 er-
warben Werner Ackermann, Hugo Wilkens und Max
Bethke den Hügel, scheiterten aber mit ihrem Versuch,
ihn in eine expressionistische Künstlerkolonie umzu-
wandeln, trotz finanzieller Unterstützung durch Acker-
manns Schwager William Werner. 1926 schließlich kaufte der splendide Eduard von der Heydt, von der Werefkin
auf diese Gelegenheit aufmerksam gemacht, den Monte
Verità für bescheidene 160 000 Franken, die Hälfte des
ursprünglich geforderten Preises. Da er der Bankier Wilhelms II. war, begannen sogleich – unhaltbare – Gerüchte zu kursieren, er habe den Berg als Refugium für den
Exkaiser erworben. Doch von der Heydt wandelte ihn in

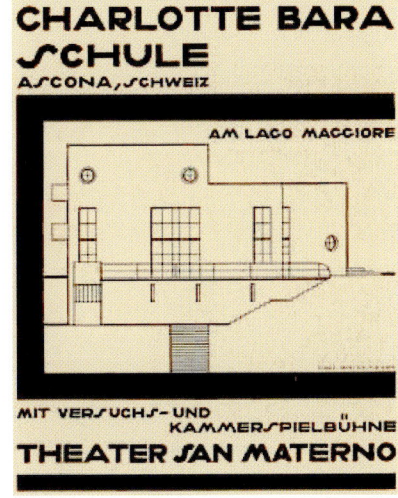

ein Kurhotel der gehobenen Preisklasse um; gleich 1926 kamen
der deutsche Reichsaußenminister Gustav Stresemann und der
ehemalige Kronprinz Wilhelm von Preußen. Von der Heydt arron-
dierte das Gelände und ließ 1928 anstelle des alten Zentralhauses
ein modernes Hotel errichten, entworfen vom Architekten Emil
Fahrenkamp im Bauhausstil, mit begehbarem Flachdach und großen Fensterfronten, und stattete es mit seiner Sammlung moderner Gemälde und außereuropäischer, insbesondere ostasiatischer

Kunstgegenstände aus. Hier bot von der Heydt seinen Gästen eine mondäne Mischung aus Kultur, Dekadenz und südlicher Erotik. Zu ihnen zählten Kunst- und Geistesgrößen vom Komponisten Richard Strauss über den Galeristen Alfred Flechtheim bis zum Sexualforscher Magnus Hirschfeld, Vertreter des Geldadels und gekrönte Häupter – sie alle begrüßte von der Heydt persönlich, stets in Shorts und mit rotem Sonnenschirm.

Schon vor dem Bankier hatte eine ganze Reihe weiterer Deutscher ihr Refugium in der Gegend um Ascona gefunden, das sich, obschon am Abend noch immer die Fischer ihre Netze auf der Piazza auslegten und die Bauern dort ihre Kühe zur Tränke führten, allmählich zum Kurort mit Cafés, Restaurants und Hotels entwickelte. Der Schriftsteller Emil Ludwig hatte sich ebenso ein Haus erbauen lassen wie der Großindustrielle Edmund H. Stinnes, der seine Villa während des Zweiten Weltkriegs dem amerikanischen Geheimdienst für konspirative Treffen zur Verfügung stellte. 1927 hatte der Hamburger Max Emden, einst Mitbegründer des KaDeWe, der kurz zuvor mehr als 150 Filialen seines Warenhaus-Imperiums veräußert hatte, die unweit von Ascona im Lago gelegenen Brissago-Inseln erstanden. Abgekauft hatte er sie für immerhin 356 000 Franken Antoinette de Saint-Léger, angeblich eine illegitime Tochter des russischen Zaren Alexander II., in zweiter Ehe geschieden von dem irischen Diplomaten Richard Flemyng St. Leger. Die inzwischen schwer verschuldete Baronin hatte die Inseln 1885 erworben, San Pancrazio, die größere der beiden, in einen exotischen Garten verwandeln lassen und dort Gäste wie Richard Wagners Witwe Cosima, Rainer Maria Rilke, James Joyce und Harry Graf Kessler empfangen; 1948 starb die Baronin hochbetagt, verarmt und völlig vereinsamt in einem Altersheim in Intragna. Mit dem Kaufhaus-König Max Emden, der über der Einfahrt zur Bootsgarage sein Motto »Auch Leben ist eine Kunst« anbringen ließ, kam nun freilich ein neuer Lebensstil auf die Insel. Bald schon sorgten Gerüchte über sexuell freizügige Partys in seiner neu errichteten klassizistischen 30-Zimmer-Villa und Orgien im inseleigenen römischen Bad für Empörung am gegenüberliegenden Ufer. Doch der Lebemann war seiner Geliebten Sigrid Renata Jacobi, die er »Würstchen« nannte, treu, obschon er sich gerne mit jungen Frauen umgab und mit diesen zusammen der für Ascona ja nun weiß Gott nicht neuen Nacktkultur frönte. »Während sie in den von der Heydt Klausen / Noch in einem Anflug von Kleid hausen / Zogen sie im Emdenhaus / Noch die letzten Hemden aus«[35], reimte der Pianist Edwin Fischer, der auf dem Monte Verità ebenso wie auf den Isole di Brissago zu Gast war.

Bereits 1932 verlegte der Schauspieler Fritz Kortner, einst stürmisch gefeiert als prototypischer Repräsentant eines modernen republikanischen Theaters, nach antisemitischen Angriffen seinen Wohnsitz von Berlin vorübergehend nach Ascona. Im selben Jahr nahm Erich Maria Remarque seinen Hauptwohnsitz im benachbarten Porto Ronco, wo er die geräumige Casa Tabor erstanden hatte. Dort erlebte Remarque am 10. Mai 1933 gemeinsam mit seinem Nachbarn Emil Ludwig den Abend der Bücherverbrennung: »Wir entkorkten unseren ältesten Rheinwein, drehten das Radio an und lauschten dem Knistern der Flammen, den Reden Hitlers und seiner Anhänger – und tranken auf die Zukunft.«[36] Ascona war nicht nur klimatisch begünstigt, sondern auch günstig, und so suchten auch jene in Deutschland aus »rassischen« oder politischen Gründen Verfolgten, die nicht über die finanziellen Möglichkeiten eines Emil Ludwig oder Erich Maria Remarque ver-

fügten, dort Zuflucht – zum Missfallen der Schweizer Behörden, die eine »Überfremdung« des Ortes befürchteten, ebenso wie der nationalsozialistischen deutschen Presse, die gegen die Emigranten hetzte. Sie trafen sich debattierend und Schach spielend im Hotel Tamaro an der Piazza, wo sich 1933 Wilhelm Speyer und später auch Georg Kaiser einquartierten. Die Schriftsteller Victoria Wolff, Ernst Toller, Bruno Frank, Leonhard Frank und René Schickele machten in Ascona Station, die Schauspielerin Tilla Durieux mit ihrem Mann, dem Industriellen Ludwig Katzenellenbogen, und viele andere mehr. Der Dichter Albert Ehrenstein ließ sich 1933 in Brissago nieder, Stefan George in Minusio. Der berühmte Anwalt Wladimir Rosenbaum – später als Antiquitätenhändler in der Casa Serodine eine lebende Asconeser Legende – und seine Frau Aline Valangin hatten bereits 1929 in Comologno im Onsernonetal den Palazzo della Barca erstanden und dort Ignazio Silone und Kurt Tucholsky beherbergt. Nun kamen neben vielen anderen Max Ernst, der sich 1934 bei einem Ausflug nach Ascona in die junge Meret Oppenheim

Täglicher Treffpunkt der Künstler und
Intellektuellen: das Caffè Verbano in den
1930er Jahren. Unten: Die Casa Serodine.

verliebte, und der Komponist Wladimir Vogel. Durch die von Olga
Fröbe-Kapteyn gegründeten Eranos-Tagungen, die ab 1933 im nahen Moscia stattfanden, rückte Ascona abermals ins Zentrum geistiger und wissenschaftlicher Auseinandersetzungen. Heinrich
Zimmer, Martin Buber, Leo Baeck, Erich Fromm und Karl Kerényi,
der sich 1943 dauerhaft in Ascona ansiedelte, gehörten zu den Vor-
tragenden. Während der zweiten Eranos-Tagung
1934 gastierte im ausverkauften Teatro San
Materno mit Erika Manns Pfeffermühle das bedeutendste antifaschistische Kabarett. Neu ins
Programm aufgenommen wurde hier das *Revo-
luzzerlied* des einstigen Monte-Verità-Besuchers
Erich Mühsam, der wenige Wochen zuvor im KZ
Oranienburg ermordet worden war.

Zum täglichen Treffpunkt der Künstler und
Intellektuellen – sowie der deutschen Spitzel –
wurde vor allem das in der Via Borgo, der
Hauptstraße des Ortes, gelegene Caffè Verbano.
An dessen wärmende Heizung flüchtete sich
zum Zeichnen auch die Dichterin Else Lasker-Schüler, die von 1935
an 14 Monate lang in einem kaum heizbaren Zimmerchen über
der Konditorei Berger-Signorelli direkt gegenüber wohnte.
50 Franken Monatsmiete bezahlte die 66-Jährige (deren Pass sie als
44-Jährige auswies!) dafür – in Zürich hätte sie die dreifache Summe aufbringen müssen. Sie verpflegte sich mithilfe einer Koch-
platte selbst und kam so mit 100 Franken im Monat aus. Brauchte
sie jedoch Malstifte oder Zeichenpapier, blieb ihr nichts anderes
übrig, als Bettelbriefe an Bekannte zu verschicken. Sie fühlte sich
in Ascona, auf »unserer Teufelsinsel«, wie sie den Ort einmal nann-

Rechte Seite: Der splendide Eduard von der Heydt kaufte 1926 den Monte Verità für bescheidene 160 000 Franken, die Hälfte des ursprünglich geforderten Preises.

te, wie gefangen und umgeben von »Kleinspießern« und »Klatschmenschen«[37], obwohl sie hier auf Freundinnen von früher traf wie Marianne von Werefkin oder Elvira Bachrach, Charlotte Baras Mutter. Und doch schrieb die unglückliche Lasker-Schüler in Ascona einige ihrer schönsten Gedichte, darunter vermutlich auch jenes vom *Blauen Klavier*, das mit den Zeilen beginnt: »Ich habe zu Hause ein blaues Klavier / und kenne doch keine Note. / Es steht im Dunkel der Kellertür, / Seitdem die Welt verrohte.«[38]

Es gab in dem Ort, der so vielen Verfolgten Exil bot, indes auch einen Stützpunkt der NSDAP, geleitet vom »Gauleiter« Julius Ammer. Während sich in der Casa Bianca auf der Collina das Schweizer Hilfswerk für Emigrantenkinder auch um jüdische Flüchtlingskinder kümmerte, marschierten unten deutsche HJ-Buben, die ihre Sommerferien in einem Heim in Brissago verbrachten, in geschlossener Kolonne durchs Dorf und sangen »Denn heute gehört uns Deutschland und morgen die ganze Welt«[39]. Schrieben manche Emigranten in Ascona gegen den Faschismus an, betätigte sich der deutsche Abenteuerschriftsteller Ernst F. Löhndorff von hier aus als nationalsozialistischer Agitator. Und während der Eigentümer der Brissago-Inseln, Max Emden, nach und nach um seinen gesamten deutschen Besitz gebracht wurde, ohne dass die Schweizer Behörden, die er um Unterstützung in seinem Kampf gegen sogenannte »Grundstücksentjudungen« und Arisierungsverfahren gebeten hatte, auch nur einen Finger für den 1933 eingebürgerten Juden rührten, konnte Eduard von der Heydt vom Monte Verità aus seine fragwürdigen Geschäfte für die Deutschen abwickeln, auch er, obschon seit 1. April 1933 Mitglied der NSDAP, seit 1937 eingebürgert. Er wusch Gelder der deutschen Abwehr – rund eine Million Schweizer Franken floss auf diese Weise an

Nazi-Spione in aller Welt, insbesondere in den USA und Mexiko –
und soll jüdische Lösegeldzahlungen ins Reich weitergeleitet haben.
Nach dem Krieg vor einem Schweizer Gericht wegen »Vorschub-
leistung zu militärischem Nachrichtendienst« angeklagt, wollte der
Opportunist von der Heydt davon freilich nichts davon gewusst
haben. Trotz widersprüchlicher Aussagen wurde er 1949 aus Mangel
an Beweisen vom Verdacht des Vorsatzes freigesprochen.

Überhaupt fragte man nach dem Krieg auch in Ascona nicht
allzu laut nach Schuld und Verstrickung. Man war stolz, dass der
im »Dritten Reich« populäre Filmschauspieler Heinz Rühmann

und der von der NS-Presse als »Wunder« gerühmte Dirigent Herbert von Karajan am Flughafen von Ascona ihre Pilotenscheine machten, als in Deutschland die private Luftfahrt noch verboten war. Überhaupt zog Ascona nun abermals die deutsche Prominenz an, wurde Wohnort des »Zaubergeigers« Helmut Zacharias, der Sopranistin Elisabeth Schwarzkopf, des Schlagerkomponisten Lotar Olias und seines Texters Walter Rothenburg (*So ein Tag, so wunderschön wie heute*; *Junge, komm bald wieder*), von Schriftstellern wie Werner Keller, Henry Jaeger und Julius Hay und von Filmstars wie Brigitte Helm, Ivan Desny und Siegfried Schürenberg. Remarque kam aus New York nach Ronco zurück, Emil Ludwig aus Pacific Palisades nach Moscia. Überhaupt waren erstaunlich viele Neu-Asconeser aus dem amerikanischen Exil nach Europa zurückgekehrte Emigranten: 1955 fanden der Filmregisseur Robert Siodmak und der Schriftsteller Hans Habe in Ascona ein Zuhause, 1958 ließen sich Hans Richter und Walter Mehring hier nieder, von 1959 an lebte Franz Schulz, der vor seiner Emigration unter anderem das Drehbuch zu *Die drei von der Tankstelle* geschrieben hatte, im Hotel Tamaro. Auch Friedrich Hollaender (*Ich bin von Kopf bis Fuß auf Liebe eingestellt*), Max Colpet (*Sag mir, wo die Blumen sind*) und

Fritz Rotter (*Wenn der weiße Flieder wieder blüht*; *Veronika, der Lenz ist da*) wurden Einwohner Asconas. Etliche dieser Künstler und Literaten waren eng miteinander befreundet und trafen sich über Jahre oder gar Jahrzehnte täglich im Hotel Schiff an der Piazza, wo auch Remarque seinen Stammplatz an Tisch 43 hatte. Noch einmal wurde Ascona zur lebendigen Künstlerkolonie. Max Frisch, der sein Refugium wie Alfred Andersch, Golo Mann und Fritz Hochwälder, der 1941 in einer kargen Hütte in Ascona sein berühmtestes Drama *Der Hochverräter* verfasst hatte, in einem der umliegenden Täler fand, betrachtete Ascona indes 1966 als »eine Art großstädtisches Altersheim in einem Dorf«, für »Leute, die berühmt waren oder glauben, sie seien berühmt gewesen«[40]. Vermutlich lag Frisch schon damals falsch, und heute vibriert Ascona, übrigens der tiefstgelegene Ort der Schweiz, geradezu vor Leben. Das Festival der Straßenkünstler zieht alljährlich Künstler aus aller Welt auf die Piazza, JazzAscona gilt als größtes Hot-Jazz-Festival Europas, die Musikwochen Ascona bieten eine Fülle von Sinfoniekonzerten, Kammermusikabenden und Recitals. Und seit 2013 belebt ein neues Literaturfestival Ascona, dessen künstlerischer Leiter Joachim Sartorius erklärte, man wolle »an den alten Mythos, die große Zeit des Monte Verità zwischen 1900 und 1920 andocken«[41]. So stand das Festival in seinem ersten Jahr unter dem Motto »Utopien und herrliche Obsessionen« und brachte Größen wie Claudio Magris, Hans Magnus Enzensberger und Peter Sloterdijk auf den Berg der Wahrheit.

BALI

Insel der Götter und Dämonen

Vicki Baum

Elly Beinhorn

Rudolf Bonnet

Charlie Chaplin

Noël Coward

Gregor Krause

Theo Meier

Walter Spies

u. a.

DAS KÜNSTLERPARADIES BALI

K unst und Leben seien versöhnbar, lautete der »Folk-wang-Gedanke«, den der Hagener Kunstmäzen Karl Ernst Osthaus Anfang des 20. Jahrhunderts entwickelt hatte. Nach einem bedeutenden Muse-um und einer Malschule begründete Osthaus auch den Folkwang-Verlag. Dort erschien 1920 ein Buch mit 400 Schwarz-Weiß-Fotografien einer östlich von Java gelegenen, zu Niederländisch-Indien gehörenden Vulkaninsel, von der man bis dahin in Deutschland kaum eine Vorstellung hatte, deren Name aber schon bald einen geradezu mystischen Klang bekommen soll-te: Bali. Aufgenommen hatte die Bilder der Deutsche Gregor Krau-se, der als Arzt im Dienst des holländischen Militärs zwischen 1912 und 1914 mehr als 10 000 Patienten auf Bali behandelt hatte. Die Fotos zeigten nicht nur fruchtbare Reisterrassen, hinduistische Tempel und mit Alang-Alang-Gras gedeckte Hütten, sondern vor allem schöne Körper, barbusige Frauen und nackte junge Männer, die scheinbar schamfrei in Flüssen baden. Die Bilder beschworen die paradiesische Einheit von Mensch und Natur, die faszinieren-

de Mixtur aus tropisch-schwüler Sinnlichkeit und exotischer Spiritualität. »In ganz großen Linien, Silhouetten und Kontrasten, ganz weiten Schwingungen verläuft die Landschaft Balis. Es ist das Schwingen und Zittern eines ungehemmt quellenden und strömenden Ur-Lebens, das sich immer wieder offenbart, in rieselnden Bächen und schäumenden Flüssen, in jäh aufschießenden Palmen, breitblättrigem Buschwerk, Pflanzengewucher über dampfendem Urwaldboden, im gigantisch klotzenden Riesenbaum wie im Oszillieren spinnenwebdünner Schlinggewächse. In den Wäldern von Bali hausen Affen, Wildschweine, Schlangen; zuweilen fällt der Tiger in eine Büffelherde; seltsame bunte Vögel flattern über die Reisfelder. Die Eingeborenen sehen in den Tieren befreundete Wesen. Natur, Tier und Mensch sind die Dreieinheit, in der tropisch fruchtbare Schöpferkraft auf diesem Bali alles Sein und Werden zusammenklingen lässt«, schwärmte 1925 die populäre Ullstein-Zeitschrift *Uhu* in einem mehrseitigen, mit Krause-Fotos nackter Jünglinge illustrierten Artikel und ergänzte: »Alles Leben auf Bali ist religiös.«[1]

Nicht wenige Europäer fühlten sich geradezu magisch angezogen von dieser Insel der Götter und Dämonen mit ihren 40 000 Tempeln, wo jeder Seinsform Bedeutung zugemessen, jedes Subjekt, jedes Objekt in kosmischem Bezug gesehen wird. Doch nicht nur von der üppigen tropischen Natur und von religiösen Riten und Ritualen ist das Leben der Balinesen bestimmt, ihren Alltag prägt auch die Kunst – obschon die balinesische Sprache nicht einmal einen Begriff dafür

Wohl niemand anders hat eine fremde Kultur
so sehr beeinflusst wie Spies die balinesische,
kein anderer das Bild einer Kultur so dauerhaft
geprägt wie Spies unsere Vorstellungen von Bali.
Rechte Seite: Spies' Gemälde *Desa mit
Sumbing* aus dem Jahr 1925.

kennt, denn Kunst ist ein selbstverständlicher Teil des Lebens,
jeder Balinese auch Tänzer oder Maler, Holzschnitzer oder Stein-
bildhauer. So glaubten in den 1920er und 1930er Jahren vor allem
Künstler und Bohemiens, dass auf Bali ihre Sehnsucht nach der
Ursprünglichkeit eines glücklichen Insel-Edens erfüllt würde,

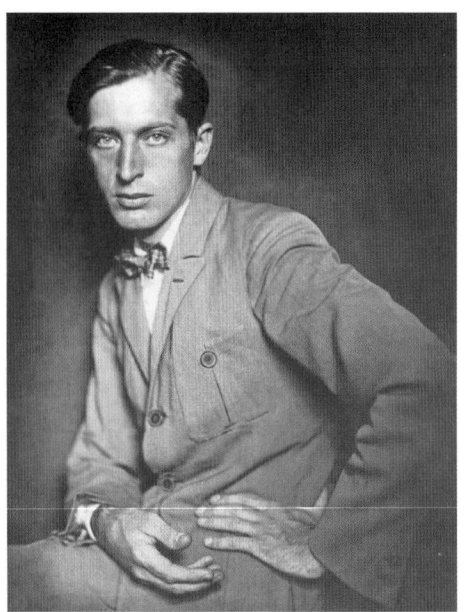

nach Einfachheit und Reinheit, dem Einklang von
Kunst und Leben. Zugleich aber wollten sie auch
den strikten gesellschaftlichen Zwängen der westlichen Welt entfliehen in eine Kultur, die traditionell einen freieren Umgang mit Sexualität pflegte.

Einer der Ersten wurde wie kein anderer zum
Katalysator des bis heute ungebrochenen Mythos
der paradiesischen Insel, zur Anlaufstelle für
Künstlerkollegen und die weltreisende Hautevolee:
Walter Spies. Wohl niemand anders hat eine fremde Kultur so sehr beeinflusst wie Spies die balinesische, kein anderer das Bild einer Kultur so dau-
erhaft geprägt wie Spies unsere Vorstellungen von
Bali. 1895 in Moskau als Sohn des deutschen Vize-
konsuls und Kaufmanns Léon Spies geboren, wuchs
er in einer kunstinteressierten Familie auf, erhielt
Klavierunterricht, begann früh zu zeichnen und zu malen. Das
Gymnasium besuchte er in Dresden, die Ferienmonate verbrachte
er weiterhin im Landhaus seiner Eltern bei Moskau, wo ihn der
Ausbruch des Ersten Weltkriegs überraschte. Spies stellte sich als
Sanitätshelfer zur Verfügung, wurde 1915 jedoch als wehrfähiger
Deutscher verhaftet und in Sterlitamak im Ural interniert. Nach
seiner Freilassung kehrte er nach Dresden zurück, kam in der
Künstlerkolonie Hellerau in Kontakt mit Oskar Kokoschka und

Rechte Seite: Zwei Libellen-Aquarelle, die Spies an den Entomologen M. A. Lietinck sandte.

Otto Dix und hatte bald selbst erste Erfolge als Maler. Von 1920 an lebte er in Berlin, wo er neben Musikern wie Paul Hindemith, Artur Schnabel und Ernst Křenek auch den Filmregisseur Friedrich Wilhelm Murnau kennenlernte. Murnau verliebte sich in den sieben Jahre jüngeren, aristokratisch aussehenden, umfassend gebildeten und vielfältig talentierten Maler und Musiker. Dieser zog schon bald in Murnaus Grunewald-Villa ein und begleitete ihn von nun an auf Motivreisen und zu Dreharbeiten; unter anderem entstand in jenen Jahren *Nosferatu, eine Symphonie des Grauens*, die nicht autorisierte Adaption von Bram Stokers Roman *Dracula* und ein Meisterwerk des expressionistischen deutschen Stummfilms. Insbesondere dessen Lichttechnik beeinflusste Spies' Malstil – und damit später indirekt die balinesische Malerei – entscheidend.

Bald jedoch fühlte sich Walter Spies durch den melancholischen und besitzergreifenden Murnau eingeengt, vor allem aber wollte er dem hektischen Großstadtleben der Berliner Boheme entfliehen. Er ließ sich als Leichtmatrose anmustern und verließ am 1. September 1923 auf einem Frachtschiff Deutschland für immer. Im javanischen Batavia ging er von Bord und verdingte sich zunächst als Klavierspieler in einem Kino in Bandung, dann bot ihm der Sultan von Yogyakarta die Leitung seines Hoforchesters an. 1925 besuchte Spies erstmals die Nachbarinsel Bali, wo er Zeuge eines Trancetanzes wurde: »Das Ganze war so etwas Niedagewesenes, Unmenschliches und irgendwie lang Ersehntes! [...] Man fühlte sich selbst wie gebannt, wie behext, am liebsten hätte ich geschrien, mitgetanzt!«[2] Von da an pendelte Spies zwischen Java und Bali, bis er sich 1927 auf Einladung des balinesischen Prinzen Tjokorda Gde Raka Sukawati dauerhaft in Ubud niederließ, dem

von Reisfeldern umgebenen kulturellen Zentrum; dessen Name leitet sich vom balinesischen Wort »ubad« für Medizin her und benennt ein heilendes Kraut, das in der Gegend wächst. Hochsensibel für die unterschiedlichsten Erscheinungsformen der balinesischen Kultur, wurde Walter Spies rasch deren profundester Kenner. Er interessierte sich für die lokalen Mythen und Legenden, Sitten und Gebräuche ebenso wie für Flora und Fauna, organisierte den balinesischen Beitrag für die Pariser Weltausstellung 1931, wo der einflussreiche Theatertheoretiker Antonin Artaud erstmals balinesischen Tanz sah, und engagierte sich für den Wiederaufbau des Bali-Museums in Denpasar, dessen Kurator er 1932 werden sollte. Auch assistierte er dem Filmregisseur André Roosevelt, einem Cousin Theodore Roosevelts, bei der auf Bali angesiedelten Dreiecks-Liebesgeschichte *Goona-Goona*. Der Unfalltod Murnaus vereitelte 1931 den Plan eines gemeinsamen Bali-Films, doch begann Spies zusammen mit dem Produzenten, Regisseur und Drehbuchautor Friedrich Dalsheim, einem promovierten Juristen aus Frankfurt, und dem aus einem mecklenburg-holsteinischen Adelsgeschlecht stammenden Koproduzenten Victor Baron von Plessen die Dreharbeiten zu einem Natur- und Dokumentarfilm mit Spielhandlung. Spies veränderte dafür den »Sanghyang-Dedari«-Tanz, der ihn selbst 1925 so beeindruckt hatte: Während Episoden aus dem *Ramayana*-Epos dargestellt wurden, skandierten die in konzentrischen Kreisen um die Spielfläche sitzenden, nur mit einem Lendenschurz bekleideten jungen Männer des erweiterten A-cappella-Chores rhythmisch »taschk-e-tschak-e-taschk«, beglei-

tet von ekstatischen Bewegungen der Oberkörper – heute ist dieser
»Kecak« längst eine Touristenattraktion. Am 16. Februar 1933 unter
dem Titel *Insel der Dämonen* im Berliner Ufa-Palast erstaufgeführt,
wurde der Streifen danach in Spätvorstellungen verbannt, da er
wegen der entblößten Brüste der Balinesinnen als nicht jugendfrei
galt. Plessen brach schon bald zu einer weiteren Expedition auf:
Die Hochzeitsreise führte ihn und seine Ehefrau, die Hamburger
Diplomatentochter Marie-Izabel von Jenisch, 1934 zu den Kopf-
jägern nach Borneo, wo sie im Einbaum 600 Flusskilometer durch
den Urwald zurücklegten und ein Jahr in den Dörfern der Dayak
lebten. Dalsheim hingegen, der als Jude nicht mehr für deutsche
Filmproduktionen arbeiten durfte, nahm sich 1936 in einem Zürcher Hotel das Leben.

Spies befasste sich unterdessen unvermindert intensiv mit der
balinesischen Musik und unterhielt zeitweise zwei vollständige
Gamelanorchester mit je 20 bis 25 Spielern. Zusammen mit der
englischen Balletttänzerin und Tanzforscherin Beryl de Zoete verfasste er 1938 das erste ausführliche Werk über balinesisches Theater. Vor allem aber beeinflusste Spies auf entscheidende Weise
Motivik und Maltechnik der balinesischen Malerei. 1936 rief er

gemeinsam mit dem hochbegabten holländischen Zeichner und Maler Rudolf Bonnet, der 1929 ebenfalls auf Einladung Tjokorda Gde Raka Sukawatis nach Ubud gekommen war, dem balinesischen Künstler I Gusti Nyomad Lempad und Rakas Halbbruder Tjokorda Gde Agung Sukawati, dem Raja (also König) von Ubud, die Künstlervereinigung Pita Maha ins Leben. Statt im vom Schattenspiel beeinflussten traditionellen Kamasan- oder Wayang-Stil zu malen, versuchten sich die Balinesen nun in perspektivischer Darstellung und ließen sich von Spies' magischem Realismus zur Darstellung neuer, geradezu dramatischer Licht- und Schattenwirkungen anregen. Sie malten nicht länger nur Götter, Dämonen und Helden aus dem *Ramayana*-Epos, sondern auch Szenen aus dem balinesischen Alltagsleben. Doch Pita Maha war mehr als eine Malschule, es war zugleich ein professionell organisierter Kunstvertrieb; die vom Vorstand akzeptierten Werke wurden bis nach Europa und in die USA verschickt.

Der Verkauf eigener Gemälde hatte es Spies schon 1928 ermöglicht, in Campuhan westlich des Ortszentrums von Ubud, an einem Hang über dem Flüsschen Uwos ein eigenes Haus zu errichten, das er nicht nur mit einigen hübschen Jungen, die als Hausangestellte dienten, sondern auch mit etlichen Tieren teilte: mit Hunden und Katzen, zwei Fliegenden Hunden, einem großen Python, etlichen Papageien, seinem geliebten Äffchen Ida Bagus, dem Kakadu Ketut und einem Tukan namens Nebukadnezar. Nicht zuletzt aber begrüßte Spies dort prominente Gäste, die die für damalige Verhältnisse

Auf ihrer spektakulären Weltumrundung im Alleinflug traf 1932 Elly Beinhorn auf Bali bei Walter Spies ein. Victor von Plessen hatte der von vielen bewunderten Fliegerin in Berlin von Bali erzählt. Rechte Seite: Walter Spies und sein geliebter Cousin Kosja, in Dresden 1919.

kostspielige und mehrere Wochen lange Anreise nach Bali auf sich genommen hatten, um mit eigenen Augen dieses Paradies zu sehen. Da man dort Homosexualität traditionell als harmlosen Zeitvertreib unverheirateter Männer betrachtete, war Bali nicht zuletzt unter Homosexuellen »fashionable« geworden. Zu Letzteren gehörten im Lauf der Jahre Besucher wie der Komponist Colin McPhee, Victor Cunard, Korrespondent der *Times* in Venedig und Mitglied jener Familie, die der berühmten Schiffslinie ihren Namen gegeben hatte, der Musical-Komponist Cole Porter und der deutsche Sexologe Magnus Hirschfeld. Untermieter Hirschfelds in Berlin war einst Peter Martin Lampel gewesen, dessen Zeitstück *Revolte im Erziehungshaus* man als Sensation gefeiert hatte, doch 1935 hatten die Nationalsozialisten ihren leidenschaftlichen Anhänger wegen seiner Homosexualität für kurze Zeit inhaftiert; auf dem Weg ins amerikanische Exil machte Lampel 1937 halt bei Spies. Doch auch die deutsche Bildhauerin Gela Forster, der polnische Komponist Alexandre Tansman, der mexikanische Karikaturist Miguel Covarrubias und sein amerikanischer Kollege Al Hirschfeld reisten auf die Insel, ebenso die Anthropologin Margaret Mead und ihr Ehemann und Kollege Gregory Bateson, die Cembalistin Julia Menz, der Schriftsteller und Weltreisende Hans-Hasso von Veltheim und viele weitere Prominente. Der Dirigent Leopold Stokowski – damals noch nicht der Geliebte der Garbo – kaufte Spies 1928 das Bild *Heiliger Wald bei Sangeh* ab und ermöglichte ihm so den lang ersehnten Erwerb eines Pianos. Das »reichste Mädchen der Welt«, die Wool-

worth-Erbin Barbara Hutton, finanzierte 1933 durch den Kauf des gerade fertiggestellten Gemäldes *Desa Durchblick* den Bau eines Swimmingpools.

Auf ihrer spektakulären Weltumrundung im Alleinflug traf 1932 Elly Beinhorn bei Spies ein, ein Empfehlungsschreiben Victor von Plessens in der Tasche. Er hatte der von vielen bewunderten Fliegerin in Berlin von Bali erzählt, das »für mich so weit weg wie der Mond lag«[3], so Beinhorn. Der Aufenthalt blieb ihr ein Leben lang unvergesslich – allerdings auf schreckliche Weise. Mit Walter Spies und dessen geliebtem Cousin Conrad, genannt Kosja, der

1932 ließ sich auch Charlie Chaplin von Spies in entlegene balinesische Dörfer führen. Hier eine Szene aus dem dort gedrehten »Urlaubsvideo«. Rechte Seite: 1935 kam die aus Deutschland nach Pacific Palisades emigrierte Vicki Baum nach Bali. Das Foto zeigt sie mit ihren Söhnen.

seit 1930 bei ihm lebte, fuhr sie zum Schwimmen an den Strand von Lebah. »Da hörte ich Kosja schreien – ein Schrei aus Übermut, voller Lebensfreude? Nein – das war ein anderer, anhaltender Schrei – das war höchste Angst und Entsetzen. Kosja befand sich zwischen Walter und mir. Von beiden Seiten eilten wir auf ihn zu. Direkt vor uns wurde er unter Wasser gezogen, und der riesige Schwanz eines Fisches peitschte die Oberfläche, die sich rot färbte.«[4] Im Hospital wurde das zerfleischte Bein amputiert, einige Stunden später erlag Kosja – den schon seit Monaten Todesahnungen geplagt hatten – den Folgen der Haiattacke. »Walter Spies

litt unvorstellbar unter dem Verlust seines Lebensgefährten.«[5] Im selben Jahr ließ sich Charlie Chaplin von Spies in entlegene Dörfer führen. Während sein Bruder Sydney vor allem damit beschäftigt war, die barbusigen Inselschönheiten zu filmen, und, zurück in Hollywood, zum überzeugten Nudisten wurde, sah sich Charlie Chaplin durch seinen Besuch zu einem ersten – dann allerdings doch nicht realisierten – Tonfilm inspiriert, einer Satire auf den Kolonialismus mit dem Titel *Bali*. Er erwarb mit der *Rehjagd* eines der Meisterwerke von Spies, in dem dieser den Tod seines Cousins verarbeitet hatte, und versprach, für Spies eine Konzerttournee durch die USA zu organisieren, auf der dieser seine Transkriptionen der Gamelanmusik für Piano spielen sollte. Der Weltstar zeigte sich vor allem von den vielfältigen Tänzen, vom »Kris«, vom »Topeng«, vom »Barong«, vom »Legong« und vom »Baris«, begeistert – so sehr, dass er die Insel 1936 auf seiner Hochzeitsreise mit Paulette Goddard, der

Hauptdarstellerin seines Films *Moderne Zeiten*, abermals besuchte, nun selbst für die Einheimischen tanzte und sie mit einer komischen »Legong«-Parodie begeisterte. Der Bühnenautor Noël Coward hingegen, der 1935 auf die Insel kam, dichtete: »Es gibt, meinte ich heute zu Charlie, / Doch sehr reichlich Musik hier auf Bali, / Und so sehr es bezaubert im ganzen, / Tät's auch etwas weniger Tanzen. / Mir scheint, jeder Mensch dieser Insel / Schwingt den Klöppel, das Bein und den Pinsel. / Zwar sind die Produkte recht witzig, / Doch *der* Kunstfleiß ist mir allzu hitzig.«[6]

1935 kam die aus Deutschland nach Pacific Palisades emigrierte Vicki Baum, international bekannt geworden durch ihren mit Greta Garbo verfilmten Bestseller *Menschen im Hotel*. Die Visite Balis war ein Traum der Autorin, seit sie Anfang der 1920er Jahre Gregor Krauses Bildband gesehen hatte. Sie stieg wie fast alle Besucher im Bali Hotel ab, dem 1928 eröffneten einzigen Hotel der Insel und exklusiven Treffpunkt der holländischen Kolonialherren, doch natürlich stand auch der obligate Besuch bei Walter Spies auf dem Programm – Vicki Baum führte ein Empfehlungsschreiben der gemeinsamen Freundin Salka Viertel, die seit einigen Jahren ebenfalls in Pacific Palisades lebte, mit sich. Baum zeigte sich begeistert von Spies, er sei ein »Thespis-Typ, Konservator des Museums, lebt hier 8 Jahre, spricht die schweren 4 Sprachen des Landes und wird von den Eingeborenen angebetet. So kriege ich Dinge zu sehen, die sonst niemand sieht.«[7] Unter anderem durfte sie beobachten, wie beim Kampf zwischen Barong, einem mystischen Wesen, das die guten Kräfte symbolisiert, und der Hexe Rangda,

die das Böse verkör-
pert, die hypnotisier-
ten Tänzer in Trance
fielen und ihre Kris-
Dolche gegen sich selbst richteten, »das Unbegreiflichste, was man
sehen und erleben kann«[8]: »Der Barong nähert sich ihnen, sie
stehen auf, einer nach dem anderen in bewusstlosen Krämpfen.
Sie stürzen sich in ihre Dolche, stöhnen, stürzen, fallen, bohren
die Dolche in ihre Brust – aber kein Tropfen Blut kommt, solange
sie in Trance sind, Priester waschen sie mit Weihwasser und lösen
die Trance. Ihre Raserei geht in Ohnmacht über. Langsam kommen
sie zu sich und wissen nicht, was sie taten […].«[9] Nicht nur von
dieser Massenekstase, sondern von ihrem ganzen Besuch auf der
Insel tief beeindruckt, von der Heilkunst der Balinesen und besonders von deren Begabung zum Glücklichsein fasziniert, kehrte
Vicki Baum ein Jahr später zu einem längeren Aufenthalt zurück.
Nun wohnte sie bei Spies in Campuhan, im unterhalb des Wohn-
hauses von Spies gelegenen Haus Nr. 2, das dieser einst als Gästehaus für die erwartete Rückkehr seiner Freundin und Gönnerin
Barbara Hutton hatte errichten lassen. Wieder führte Spies Vicki
Baum über die Insel zu Zeremonien, Hahnenkämpfen und Tänzen,
die sie mit ihrer Leica fotografierte oder mit ihrer 16-Millimeter-
Kamera filmte. Weil sie dafür Tageslicht benötigte, verlegte man
im Dorf Bedulu den »Kecak« eigens für sie von der Nacht auf den
Tag.[10] Die Filmaufnahmen der attraktiven jungen Tänzer, nackt bis
auf Sarongs um die Hüften, sollte Vicki Baum später in Pacific
Palisades oft und gerne ihren Gästen vorführen – Thomas Mann
war von den »Jünglingen in ritueller Trance«, insbesondere einem
»schönen jungen Inder-Tänzer«[11], entzückt. Vor allem aber ent-

stand bei Walter Spies in Campuhan Vicki Baums zweiter Weltbestseller *Liebe und Tod auf Bali*. Unschwer kann man in der Figur des Doktor Fabius ihren Gastgeber erkennen. Für Vicki Baum blieb Spies bis zu ihrem Lebensende »der einzig wirklich unabhängige« Mensch, den sie je getroffen habe. »Er war frei von der geschwätzigen Welt, in der wir anderen unsere Kinkerlitzchen, unseren Ballast […], unsere Ängste und Illusionen anhäufen.«[12] Eine Romanbiografie über Spies, die sie in den 1950er Jahren begann, blieb allerdings unvollendet.

Auch von einem jungen Maler aus Basel wurde Spies Ende 1935 aufgesucht. Der 27-jährige Theo Meier hatte ein paar Jahre zuvor, zutiefst von den Südsee-Gemälden Paul Gauguins fasziniert, Tahiti aufgesucht: »Als ich nach Tahiti kam, war ich sehr enttäuscht, dass die Kultur, von der ich träumte, nicht mehr dort war.«[13] Nun hoffte er, seine Sehnsucht in Bali zu befriedigen: »Im Film ›Insel der Dämonen‹ war ich dort einem Leben begegnet, das eine Ursprünglichkeit ausstrahlte, die nicht vom Regisseur erfunden sein konnte.«[14] Er reiste mit dem »Schweine-Express«, einem Dampfer, der Singapur mit schlachtreifen Tieren aus Bali versorgte und auf dem Rückweg geruchsunempfindliche Passagiere mitnahm, an, und ging in der im Norden Balis gelegenen Hafenstadt Buleleng von Bord. »Kaum 500 Meter von meinem Hotel entfernt, begegnete ich einer langen Reihe von Frauen in feierlicher Prozession. Diese Frauen waren alle in prächtigen Brokat gehüllt, gingen barfuß und trugen auf dem Kopf bemalte, vergoldete Holzschalen mit Früchten und Blumen. […] Am selben Abend erlebte ich im Städtchen, mitten auf der Straße, einen Djanger-Tanz. Sechs Knaben und sechs Mädchen, die sich in zwei Reihen gegenübersaßen, sangen Lieder. Sie bewegten dazu Arme, Hände und Köpfe auf eckige und doch graziöse Art. [...] Die erste Nacht auf Bali war für mich verwirrend. Gamelan-Klänge drangen durch die Bretterwände meiner Holzkammer. Der Vollmond leuchtete durch Ritzen und Astlöcher. Ich stieg kurz nach dem Zubettgehen, von der Musik im Freien aufgerüttelt, wieder in meine Kleider und befand mich bald mitten in einem berückenden Tempelfest. [...] Ich kostete den Reiswein und den Reisschnaps, den mir eine junge, liebliche Balinesin mit Blumen im Haar kredenzte. Hinter den Reisfeldern zeichnete sich eine Reihe von Palmensilhouetten am Nachthimmel ab. Über den schlanken Stämmen funkelten der Mond und die Sterne. Der Rausch, der mich erfasste, ist nie mehr abgeklungen.«[15] Meier, der eigentlich nur zwei Wochen auf Bali hatte bleiben wollen, ließ sich dort nieder, heiratete 1938 die 17-jährige Balinesin Ni Madé Mulugan und schloss 1942 eine zweite Ehe mit Madé Pegi.

Schon 1932 hatte die elegante deutsche Frauenillustrierte *Die Dame* ihren Leserinnen unter der Überschrift »Erfüllte Sehnsucht« Walter Spies und sein idyllisches Anwesen in Campuhan vorgestellt. Es war ein beliebtes Gesprächsthema in den Salons von Berlin, Paris und New York geworden und galt als »ein balinesisches Greenwich Village mit Schlangen, Affen und Beinahe-Nacktheit als Attraktionen, die man so in New York nicht findet«[16]. Den »vielseitig hochbefähigten Bali-Schwärmer«[17] Walter Spies zu besuchen, war geradezu ein »must« für die internationale Szene, das Künstlerdorf Ubud en vogue. Wurde Spies der Trubel der internationalen Besucher zu viel, zog er sich in eine bescheidene Hütte in Iseh, einem abgeschiedenen Dorf in der südöstlichen Bergregion Balis, unweit des Vulkans Gunung Agung, zurück. 1966 sollte Theo Meier sie erwerben und zu einem bequemen Haus umbauen, in dem sich später Stars wie David Bowie, Mick Jagger und Roman Polanski vergnügten. Das sukzessive um immer neue Gebäude erweiterte Anwesen in Campuhan diente indessen weiterhin als Unter

kunft für Besucher und Dauergäste wie den Schweizer Maler Willy Quidort. Geleitet wurde dieser expandierende Hotelbetrieb ab 1937 vom Tänzer und Fotografen Fritz Lindner und seinem Lebensgefährten, dem Zeichner und Journalisten Walter Dreesen, die gemeinsam mit Vicki Baum nach Bali gekommen waren.

Nahezu unmerklich hatte jedoch die letzte Phase dieser ersten europäischen Künstlerkolonie auf Bali begonnen: Ende 1938 beschlossen einige holländische Beamte, strafrechtlich gegen die zahlreichen europäischen Homosexuellen auf der Insel vorzugehen. Im Zuge einer regelrechten »Hexenjagd«[18], so Margaret Mead, wurden 177 Personen festgenommen. Die Freunde Dreesen und Lindner hatten sich rechtzeitig auf die Philippinen absetzen können, Walter Spies jedoch, der ebenfalls zu fliehen versucht hatte, wurde inhaftiert, in Surabaya wegen »Geschlechtsverkehrs mit Minderjährigen des gleichen Geschlechts«[19] angeklagt und schließlich zu acht Monaten Gefängnis verurteilt. Er durfte seine Malutensilien in der Haft behalten, und so entstanden in dieser, wie er es wohl empfand, »splendid isolation« einige seiner besten Bilder. Nur drei Tage jedoch nach seiner Freilassung brach der Zweite Weltkrieg aus, und im Mai 1940 wurden nach der Invasion der deutschen Truppen in Holland die etwa 2800 verbliebenen Deut-

Rechte Seite: Spies' Gemälde *Blick von der Höhe* aus dem Jahr 1934.

schen in Niederländisch-Indien interniert, zunächst auf Java, dann auf Sumatra. Aus Angst vor einem drohenden Überfall der Japaner brachten die Holländer die Gefangenen auf die Van Imhoff, ein Frachtschiff, das sie nach Bombay evakuieren sollte. Doch am 19. Januar 1942, einen Tag nach seinem Auslaufen, wurde das Schiff durch japanische Bomben versenkt. Die Besatzung rettete sich, wie die meisten Gefangenen ertrank auch Walter Spies.

Inzwischen hatten viele Ausländer das einstige Paradies verlassen, die europäisch-amerikanische Künstlerkolonie existierte nicht mehr. Als einer der wenigen war Theo Meier geblieben, weder von der Inhaftierung Homosexueller betroffen noch von der Internierung feindlicher Ausländer, schließlich war er als Schweizer Angehöriger eines neutralen Staates und konnte so weiterhin seine gauguinesken Porträts malen. Der in Brüssel geborene Impressionist Adrien-Jean Le Mayeur de Merpres war 1932 mit 52 Jahren nach Bali gekommen, wo er sich in die 15-jährige Legong-Tänzerin Ni Nyoman Pollock verliebt hatte, die sein bevorzugtes Modell und 1935 seine Ehefrau geworden war. Er wurde zwar von den japanischen Invasoren vorübergehend unter Hausarrest gestellt, doch auch er konnte wie Meier ungehindert arbeiten. Erst nach dem Krieg ließen sich dann wieder vermehrt Künstler auf Bali nieder. 1947 kehrte Rudolf Bonnet zurück und blieb bis 1958, neben vielen anderen kamen 1952 der in Manila geborene exzentrische Spanier Antonio Blanco, bald als der »Dalí von Bali« bekannt, und 1956 der Holländer Arie Smit, der von Bali das erste Mal durch Vicki Baums *Liebe und Tod auf Bali* gehört hatte. Er begründete dort die Young Artists Malschule, unterrichtete rund 400 junge Balinesen und stand noch bis zu seiner Erblindung im Frühjahr 2012 beinahe täglich an der Staffelei.

Sah die Insel 1930 gerade einmal 100, im Jahr 1940 dann 250 Besucher monatlich, selbstredend fast ausschließlich Angehörige der wohlhabenden Oberschicht, die meist auf Fünf-Tage-Pauschaltouren unterwegs waren, reisen heute jedes Jahr drei Millionen Touristen dorthin. Manche genießen Sonne, Surfvergnügen und Strandmassagen in quirligen Küstenorten wie Kuta und Sanur oder dem nobleren und ruhigeren Nusa Dua, andere suchen in Ubud spirituelle Erfahrungen und sich selbst – nicht zuletzt im Zuge der erfolgreichen Bestsellerverfilmung *Eat, Pray, Love.* »Eat, Pay, Leave« kann man heute auf den T-Shirts mancher von den Besucherströmen enervierter Balinesen lesen,

doch fast alle Einwohner der touristisch perfekt erschlossenen Insel sind direkt oder indirekt von den Fremden abhängig. Unzählige Künstler konkurrieren am Straßenrand und in kleinen Galerien um ihre Aufmerksamkeit, aber noch immer findet man jenseits dieser Massenprodukte auch hochwertige Kunstwerke. So hat etwa der 1970 geborene I Gusti Agung Wiranata wie wohl kein anderer die Bildsprache Walter Spies' aufgenommen und weiterentwickelt. Ob Arie Smit allerdings recht hat, wenn er meint, Wiranatas Bilder seien besser als die von Spies, sei dahingestellt. Frappant ist allerdings die Begründung des 97-Jährigen: »Schließlich ist Wiranata Balinese!«[20]

HIDDENSEE

Freiheit für
Körper und Geist

Clara Arnheim

Alexander Ettenburg

Gustaf Gründgens

Gerhart Hauptmann

Oskar Kruse

Henni Lehmann

Asta Nielsen

Joachim Ringelnatz

DAS ALTERNATIVE MODEBAD HIDDENSEE

H ett di de Welt watt dohn / Un dä di weh / Un will di nich verstohn, / Denn pack din Leed un Krohm / Un goh noh Hiddensee, / Do wirst du licht un free«[1], dichtete der Maler und Puppenspieler Max Nikolaus Niemeier Anfang der 1920er Jahre – und beschrieb eine Erfahrung, die ein gutes Vierteljahrhundert zuvor auch Gerhart Hauptmann auf der Insel gemacht hatte: »Von Tag zu Tag werden wir frischer, heiterer, sorgloser. Wir verändern uns. Oder ist diese Auffassung oberflächlich? Wir leben im Tag, wir leben im Augenblick, der größte Teil unseres Kummers, unserer Sorgen kann nicht an uns heran. Wiese und Meer! Meer und Wiese und Wind! Wind, Sturm und ewig brandende, rauschende, donnernde Flut! Lerchen am Tag, Lerchen zuweilen im Vollmond des Nachts! Schwarz-weiße Rinder, im Freien angepflöckt, die abends den Fischer rufen, der, blondbärtig, meeresfarben geäugt, sie schweren Schrittes nach der strohgedeckten Fischerkate bringt. Diese Eindrücke zwingen die Seele zur Einfachheit. Alles Gekünstelte, alles Städtisch-kulturell-Aufgedrängte fällt von ihr ab. Das ist das Gesuchte, das ist das Gesunde. Aber eingeschläfert sind darum unsere Nerven nicht. Im Gegenteil, sonderbar aufgestört.«[2]

Frequentierte das wohlhabende Bürgertum, als in der zweiten Hälfte des 19. Jahrhunderts der Badeurlaub allmählich zum Statussymbol wurde, bevorzugt Ostseebäder wie Sassnitz und Binz, zog die »elende Insel«[3], als die ein Berliner *Führer für Badegäste und Touristen* 1880 das noch ursprüngliche Hiddensee mit seinen reetgedeckten Katen bezeichnete, vor allem zivilisationsflüchtige Künstler an; für Gerhart Hauptmann war sie »das geistigste aller deutschen Seebäder«[4]. Auf der im lang gestreckten Süden flachen, aus Wiesen, Sümpfen und Heide bestehenden, im Norden hügeligen Fischerinsel, die trotz ihrer Kargheit vielen als Inbegriff landschaftlicher Schönheit galt, existierten keine mondänen Hotels und Strandpromenaden, anfangs gab es weder Badehütten noch Strandkörbe, Kurkonzerte waren unbekannt, es fuhren keine Automobile, und noch bis ins Jahr 1927 lebte man auf der Insel ohne elektrischen Strom. Schon vor dem Ersten Weltkrieg aber wurde nackt gebadet: »Frei und lustig, wie's jedem passt, läuft er hinein in die brandende See«[5], meinte 1907 der impressionistische Maler Felix Krause – zum Befremden der Einheimischen, die

in jenen Jahren nie im offenen Meer schwammen. Als aufgrund von Beschwerden, »dass das Strandleben zum Teil sehr ausarte und die Aufführung einzelner Personen das Schamgefühl gröblich verletze«, 1922 eine Polizeiverordnung erlassen wurde, die nur noch das Baden in »geschlossenen Badeanzügen aus festem, undurch-

Ende der 1920er Jahre galt Hiddensee als bevorzugtes Reiseziel für Nudisten. Dies zeigt auch das
1923 datierte expressive Gemälde *Badende in Bucht
auf Hiddensee*, ein Hauptwerk von Max Kaus, das
im Kunstmuseum Ahrenshoop zu sehen ist.
Unten: Der Hiddensee-Dampfer Swanti.

sichtigem Stoff«[6] gestattete, kam es zu massivem Widerstand. Gerhart Hauptmann etwa erklärte: »Wenn ich mit einem solchen
Strumpf um den Leib baden soll, bade ich überhaupt nicht.«[7]
So verlief diese Moraloffensive der Obrigkeit schon bald im Sand
der Dünen, in denen man sich nun wieder ebenso ungeniert
wie ungehindert sonnte. Ende der 1920er Jahre galt die »Ostsee-
perle« Hiddensee als bevorzugtes Reiseziel für Nudisten, und
auch Hauptmann pflegte noch in den 1930er Jahren, lediglich mit
einem Bademantel bekleidet, von seinem Haus zum Strand zu
schreiten, um ganz selbstverständlich nackt in der Ostsee zu
schwimmen.

Zum Motor des Tourismus auf der einstigen Klosterinsel – von
1296 bis zur Auflösung des Klosters im Zuge der Reformation 1536
hatten Zisterzienser auf Hiddensee gewirkt – wurde um die Jahrhundertwende der ehemalige Schauspieler Alexander Ettenburg,
1858 als Alexander Eggers im schlesischen Gugelwitz geboren. Er
war 1895 dorthin übergesiedelt, hatte mit einer Anzahlung von 100
Mark, dem Autorenhonorar für ein Gedicht mit dem Titel *Wunna,
die Jungfrau von Rügen*, ein halb verfallenes Fischerhäuschen in
Grieben gekauft und darin eine Schwedische Bauernschänke ein-
gerichtet. Später pachtete er ein Gelände auf
dem Dornbusch – mit 75 Metern die höchste
Erhebung der Insel – und bewirtete in der
Bergwaldschänke Eremitage auf Tannhausen vor allem Tagesausflügler, die mit dem
Dampfer von Stralsund herkamen. Daneben
hatte der kauzige Ettenburg, der meist in einer Mönchskutte umherlief, sein Tusculum
errichtet sowie einige einfache Unterkünfte

Rechte Seite: Der ehemalige Schauspieler Alexander Ettenburg war 1895 nach Hiddensee übergesiedelt, ihm schwebte bei Errichtung seiner »Lufthütten-Kolonie« eine norddeutsche Kommune im Stile des Asconeser Monte Verità vor, die eine naturnahe Lebensweise ermöglichen sollte.

aus Schilfrohr und Brettern gezimmert. Wohl nannte man Hiddensee über viele Jahre gerne das »Capri von Pommern« oder gar das »deutsche Capri«, doch zumindest dem »barfüßigen Propheten« Ettenburg hatte wohl eher ein norddeutscher Monte Verità vorgeschwebt: Wie die Kommune in Ascona sollte auch seine »Lufthütten-Kolonie« auf dem Dornbusch eine naturnahe Lebensweise ermöglichen, es gab dort ein »Luft- und Sonnenbad«, Sportgeräte und Brausen. Zu den spezielleren Sehenswürdigkeiten gehörte indes Ettenburgs »Mausoleum«, »in welchem ich meine komplette ›Feuerbestattungs-Ausstattung‹, bestehend in ›vorschriftsmäßigem Verbrennungssarg‹ mit Transportkasten, Totenkleid und Aschenurne mit Blecheinsatz, für ›vorkommende Fälle‹ aufbewahre. Seit 1884 habe ich mich bereits ›reisefertig‹ gemacht […]«[8]. Ettenburg bot mit Unterstützung einheimischer Laien auf einer Freilichtbühne selbst verfasste Stücke dar, gab 1905 in einer Auflage von immerhin 1000 Exemplaren den ersten Reiseführer mit dem Titel *Die Insel Hiddensee bei Rügen. Genannt »Dat söte Länneken«, das »Ostseebad der Zukunft«* heraus und tourte alljährlich im Winter durch Deutschland und Skandinavien, um mit der Rezitation seiner Hiddensee-Gedichte für einen Besuch der Insel zu werben: »Kennt Ihr das Ländchen, lieblich und traut, / Von schäumenden Wogen der Ostsee umblaut?«, hieß es da etwa, oder: »Immer wieder komm' vom fernen Land / Sehnsuchtsvoll ich her an deinen Strand: / Schöpfe stets, wonach ich ausgezogen: / Seelenfrieden aus den blauen Wogen!«[9] Nach mehrjährigem Kampf gegen den Hiddenseer Amtsvorsteher, der bei jeder sich bietenden Gelegenheit Strafmandate und Anzeigen gegen Ettenburg erlassen hatte, und nicht zuletzt wegen mangelhafter hygienischer Bedingungen verlängerte das Stralsunder Heiliggeist-Kloster, der Besitzer des Geländes,

Ettenburgs Pachtvertrag 1909 nicht mehr. Mit dem Esel Hansi und dem Kater Pussi – zu sehen auf der Ansichtskarte »Der ›Einsiedler‹ und seine Lieblinge«, die Ettenburg drucken ließ – lebte er fortan in ärmlichen Verhältnissen, ergab sich dem Alkohol und starb schließlich, nachdem er in Stralsund auf der Straße verwirrt und wohl in Suizidabsicht mit einer Pistole um sich geschossen hatte und daraufhin arretiert worden war, 1919 im städtischen Krankenhaus. Seine Urne soll auf dem Postweg nach Hiddensee unter ungeklärten Umständen verloren gegangen sein ...

Als man Ettenburgs Lufthütten abgerissen hatte, konnte auf dem Gelände das Bergwaldhotel zum Klausner, das später »mit seinen einzig schönen Blockhäusern Klaus und Erika«[10] warb, errichtet werden – der Bedarf an komfortableren Unterkunftsmöglichkeiten war rasch

Gruss von Tannhausen
a. d Insel Hiddensee b. Rügen
Der „Einsiedler" und seine Lieblinge.

Wem „Lieb' zum Thier" im Herzen schlägt,
Auch „Gott und Menschenliebe" hegt;
Denn im „Geschöpf" erkennt er mild:
Sich selbst und seines Schöpfers Bild.

A. Ettenberg

gestiegen. Schon 1899 hatte Hauptmann davor gewarnt, dass Hiddensee, »eins der lieblichsten Eilande, [...] nicht etwa ein Weltbad werde«[11]. Nun wuchs die Zahl der Urlauber von jährlich 800 um die Jahrhundertwende auf knapp 3000 zu Beginn des Ersten Weltkriegs und schließlich mehr als doppelt so viele im Jahr 1929. Waren die Fremden anfangs vor allem in Privathäusern, wenigen Gasthöfen und einfachen Pensionen untergekommen, hatte man 1907 den Vitter Krug, schon 1901 Unterkunft für Berühmtheiten wie den Theaterkritiker Alfred Kerr und den »Brettl-Baron« Ernst von Wolzogen, zum ersten eigentlichen Hotel der Insel mit 25 Zimmern, Speise- und Gesellschaftssaal umgebaut und in Hotel zur Ostsee umbenannt. Etliche Neubauten waren gefolgt, darunter in Kloster 1910 das Hotel Hitthim. Es avancierte zum »beliebten Sommeraufenthalt gebildeter Kreise« und warb 1924: »Über 30 Fremdenzimmer. Große Glasveranda und gedeckte Terrasse. Hübscher Garten mit Lauben. Unterhaltungs- und Lesezimmer. […] Warme Wannenbäder. Ruder- und Segelboote. Wasserleitung und Kanalisation. Stets gute helle Beleuchtung. Zahlreiche Balkons und Loggien an den Zimmern mit prächtigen Ausblicken. Gute Betten. Ungestörte Nachtruhe. Feine bürgerliche Küche. Solide Preise.«[12] 1913 eröffnete das für die bisherigen Inselverhältnisse geradezu luxuriöse Hotel zum Dornbusch auf dem Mühlberg. Es bot nicht nur den inselüblichen Hausdiener, der die Ankommenden an der Anlegestelle des Dampfers abholte, sondern auch ein »eigenes Pferd« und ein »eigenes Badehaus am Außenstrande (6 Min.) zur unentgeltlichen Benutzung. Auch Badezimmer im Hause«.[13]

Parallel dazu wurden Privatvillen errichtet. So hatte der als Holzhändler reich gewordene Berliner Kunstmaler Oskar Kruse, durch Gerhart Hauptmann auf Hiddensee aufmerksam gemacht, 1902 für die damals enorme Summe von 30 000 Mark ein mehr als 60 000 Quadratmeter großes Gelände in Kloster erworben, um dort eine Kolonie für Künstler zu gründen. Keiner von ihnen war jedoch willens oder finanziell in der Lage, Kruse eine Parzelle abzukaufen, und so konnte dieser erst 1910 ein größeres Teilstück veräußern, auf dem dann die Pension Haus am Meer erbaut wurde. Für sich selbst hatte Kruse die sogenannte Lietzenburg errichten lassen – benannt nach seinem Berliner Wohnsitz in der Lietzenburger Straße –, und für diese zunächst auf 20 000 Mark veranschlagte Jugendstilvilla letztlich stolze 120 000 Mark und damit sein ganzes

Vermögen verpulvert. Trotz der enormen Kosten blieb der gewaltige rote Backsteinbau zugig, war im Winter kaum zu beheizen und damit nahezu unbewohnbar. In den Sommermonaten jedoch machte Kruse sein gastfreies Haus zum Treffpunkt der örtlichen Honoratioren wie der Fremden und unterhielt sie mit seinen Geschichten: »Dann erzählt er. Erst ein wenig eintönig, und scheint dabei über sich selbst zu spotten. Dann fängt er an, langsam unglaubhaft zu werden, und nun spottet er über die verlegenen, erschreckten Gesichter derer, die ihn noch nicht kennen. Und endlich fängt er offen zu lügen an, ein neuer Münchhausen, und während alle befreit auflachen, erschrickt er nun vor sich selber, wird von einem Fieber gepackt, kann nicht mehr aufhören, gräbt sich ein Labyrinth, in dem er, in noch tieferen Winkeln, Grauenhaftes zu sehen scheint, das er nicht auszusprechen wagt. Plötzlich endet er, mit erschöpften Augen, gehetzt, zusammengebrochen vor unsichtbaren Feinden. Den ganzen Abend spricht er kein Wort mehr. Mit einer Laterne bringt er zum Abschied seine Gäste an die große Steintreppe. Während das Meer heult, versucht er umsonst, die Furcht der Nacht hell zu machen.«[14] Nach Oskar Kruses Tod 1919 erbte sein jüngerer Bruder, der Bildhauer und Bühnenbildner Max Kruse, die Lietzenburg und verbrachte die Sommer dort gemeinsam mit seiner zweiten Frau, der Puppenmacherin Käthe Kruse, und den sieben Kindern aus dieser Ehe, darunter dem 1921 geborenen Max, dem späteren Autor so erfolgreicher Kinderbücher wie *Urmel aus dem Eis* und *Der Löwe ist los.*

Bezeichnete man Oskar Kruse gerne als den »König der Insel«, war ihr geistiges Zentrum zweifellos der durch seine sozialkritischen Dramen bekannte Gerhart Hauptmann – von Thomas Manns Frau Katia etwas missgünstig ebenfalls als »König von Hiddensee« bezeichnet: »Er hatte uns sehr geraten, dort hinzukommen. Nun aber war er dermaßen eindeutiger König, dass für uns dort wenig Aufmerksamkeit abfiel. Wir wohnten im ›Haus am Meer‹, ›seinem‹ Haus, hatten aber mit den übrigen Gästen im Speisesaal zu essen und bekamen sehr mäßiges Essen, wohingegen Hauptmann köstliche Speisen auf die Zimmer hinausgetragen wurden. Das Ganze war etwas verdrießlich.«[15] So reiste die Familie Mann 1924 vorzeitig nach Heringsdorf ab und bevorzugte künftig Nidden auf der Kurischen Nehrung.

Der spätere Dichterfürst Gerhart Hauptmann war erstmals 1885 als 22-Jähriger von Rügen aus für einige Tage nach Hiddensee gekommen, gemeinsam mit seinem Bruder Carl. Die Sommer 1896 bis 1899 hatte er mit seiner Geliebten und späteren zweiten Ehefrau Margarete Marschalk in Vitte verbracht, die Insel 1901 mit seinen drei Söhnen aus erster Ehe abermals besucht und war dann erst 1916 wieder dorthin zurückgekehrt. 1917 bis 1920 mietete Hauptmann jeweils für einige Wochen die Lietzenburg für seinen Aufenthalt – Kruse wohnte währenddessen im benachbarten Haus am Meer –, in den Sommern 1921 bis 1924 die obere Etage des Hauses am Meer; von 1926 an logierte er in Kloster im Haus Seedorn, das er 1930 von der Gemeinde erwarb und im folgenden Winter um einen Arbeitstrakt erweitern ließ. Bis 1943 verlebte

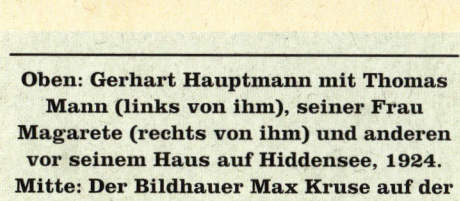

Ostseebad KLOSTER auf Hiddensee

Hotel zum Dornbusch

Stattlicher Neubau mit allem zeitgemäßen Zubehör.
Schön am Wasser gelegen, auf dem uralten Mühl-
berge. — Kaum 2 Minuten vom Dampferbollwerk.
Umgeben von hohen alten Bäumen.

**Prächtige Gartenterrassen und herrliche
Aussicht auf Bodden und Ostsee.**

Vornehme Einrichtung und Ausstattung.
Zimmer in allen Größen mit Balkons und Loggien
zu soliden Preisen. Großer Speise- und Gesellschaftssaal, Diele, Zeitungszimmer, Unterhaltungsräume.
Gute Betten. Bekannte gute Küche. Beköstigung
auch für Nichtpensionäre.

Eigenes Badehaus am Außenstrande
(6 Min. zur unentgeltlichen Benutzung.)
Auch Badezimmer im Hause.

Angenehmer Aufenthalt zum Nachmittagskaffee auf
den Terrassen.
Eigenes Pferd. Hausdiener am Dampfer.

Besitzer: **Paul Gau.**

Fernruf Amt Vitte Nr. 7.

Oben: Gerhart Hauptmann mit Thomas Mann (links von ihm), seiner Frau Magarete (rechts von ihm) und anderen vor seinem Haus auf Hiddensee, 1924. Mitte: Der Bildhauer Max Kruse auf der Terrasse der Lietzenburg, 1924.

Gerhart Hauptmann spielt Golf auf
Hiddensee, um 1930.

Hauptmann, längst zur ehrfürchtig distanziert betrachteten Inselattraktion für Touristen geworden, dort fast jährlich einige Wochen: »Frühmorgens zwischen sechs und sieben ging er an den Strand zum Baden, meist von seiner Gattin begleitet. Nach dem Frühstück ein langer Spaziergang durch den Wald oder über den Hügel, mit einem Notizbuch in der Hand, sein Produktivspaziergang, bei dem er meditierend das Nachmittagsdiktat überlegte. Nach dem Mittagessen ein langer Mittagsschlaf. Um 5 Uhr war Teestunde, wobei Hauptmann Kaffee trank, der seine Gedanken besser ins Rollen brachte. Dann arbeitete Hauptmann etwa zwei bis drei Stunden ununterbrochen. Unterdessen musste absolute Ruhe im Hause herrschen. Gäste wurden nicht angenommen. Hauptmann hat seinen näheren Freunden oft gesagt, dass er bei seinen Arbeiten nur das Medium sei. Er befinde sich in einer Art Trancezustand, und es sei, als ob ihm ein anderer zuspräche, was er dann durch das Diktat weitergab. Jedenfalls ein phänomenales Walten der Phantasie, das den wirklich großen Dichter kennzeichnet und ihn weit hinaushebt über die große Masse der ›Schriftsteller‹«, berichtete der mit Hauptmann befreundete »Inselpastor« Arnold Gustavs. »Der Abend gehörte der Geselligkeit. Kaum ein Tag verging, an dem nicht des Abends Gäste bei Hauptmann versammelt waren. Dann wurde in dem kleinen intimen Raum vor dem Arbeitszimmer, in dem auch gegessen wurde, bei einem guten Glase Wein geplaudert. Die Weihe des Raums wurde durch ausgewählte

Kunstwerke erhöht. In der einen Ecke stand auf einem hohen Posament eine Buddha-Statue aus vergoldeter Bronze. An der Wand hing ein kostbarer persischer Figurenteppich. In der anderen Ecke sah man eine Arbeit des Stralsunder Gelbgießers Klingenberg, eine Ansicht der Stadt Stralsund. An dem runden Tisch hatte Frau Hauptmann ihren Stammplatz in einem hohen Ohrensessel. Ihr gegenüber saß der Hausherr. Und zwischen beiden standen an jeder Seite nur noch zwei Stühle, weil meist nur ein kleiner Kreis von vier Gästen anwesend war; eine sehr glückliche Zahl, die ein zielloses Durcheinanderschwirren der Unterhaltung verbot, zumal alle auf das Wort des ›Meisters‹ lauschten. Das war die Stunde, in der Gerhart Hauptmann sein Herz öffnete und alle Höhen und Tiefen der Menschheitsgeschichte und des Geisteslebens durchmessen wurden. Ein köstlicher Genuss war es jedesmal, wenn Hauptmann aus seinem Leben oder über das Entstehen seiner Werke erzählte oder gar in seiner dramatischen Vortragskunst aus irgendeinem noch unveröffentlichten Manuskript vorlas. Da Hauptmann gern einem guten Wein zusprach, dehnten sich diese Symposien oft bis weit nach Mitternacht aus und wurden bisweilen auch wohl dionysisch übersteigert.«[16]

Trotz allabendlicher Hofhaltung nutzte Hauptmann die Zeit auf Hiddensee intensiv zur Arbeit. Es entstanden zahlreiche bedeutende Werke, vom Märchendrama *Die versunkene Glocke*, das er im Wesentlichen 1896 seiner Geliebten Margarete diktierte, bis zur Tragödie *Iphigenie in Delphi*, die er 1941 in nur vier Wochen verfasste. *Die Insel der großen Mutter* hätte er, so bekannte Hauptmann 1916, »wohl nie geschrieben, hätte ich nicht jahrelang auf Hiddensee die vielen schönen, oft ganz nackten Frauenkörper gesehen und das Treiben dort beobachtet«[17]. Die Namen der beiden titelgebenden

Unten: Die 70-jährige Malerin Clara
Arnheim und ihre Stiefschwester.
Rechte Seite: Die 85-jährige Malerin
Elisabeth Büchsel, die zusammen mit
Arnheim den Hiddensoer Künstle-
rinnenbund gründete.

Landstreicher der Komödie *Schluck und Jau* sind den geläufigen Hiddenseer Familiennamen Schluck und Gau entlehnt – Paul Gau, der spätere Besitzer des Hotels Dornbusch, war nicht wenig stolz darauf. Im Drama *Gabriel Schillings Flucht*, das zu einem großen Teil auf der Insel spielt, schwärmt der Bildhauer Mäurer: »Diese Klarheit! Dieses stumme und mächtige Strömen des Lichtes! Dazu die Freiheit im Wandern über die pfadlose Grastafel. Dazu der Salzgeschmack auf den Lippen. Das geradezu bis zu den Tränen erschütternde Brausen der See […].«[18] Auf Hiddensee wurde Hauptmann denn 1946 seinem Wunsch gemäß auch zu Grabe getragen, gekleidet in eine Franziskanerkutte; mit ins Grab gab man ihm sein Versepos *Der große Traum*, das Neue Testament und ein Säckchen schlesischer Erde.

Es ist unmöglich, mehr als einen Bruchteil aller Geistesgrößen zu nennen, die auf Hiddensee die notwendige Ruhe und Schaffenskraft für ihre Arbeit fanden oder sich beim Sonnenbaden, Schwimmen, Segeln, Bogenschießen, dem beliebten Bocciaspiel, in den 1920er Jahren der Modesport schlechthin auf der Insel, und bei den abendlichen »Réunions«, wie man die Tanz- und Gesellschaftsabende in den Hotels nannte, entspannten. Als einer der ersten bildenden Künstler kam 1888 der junge Walter Leistikow, ihm folgten neben vielen anderen Otto Mueller, der Hiddensee erstmals 1901 besuchte und ab 1907 als jährlicher Sommergast wiederkehrte, Richard Seewald, der einige Jahre zwischen den Künstlerkolonien Ascona und Hiddensee pendelte, und Erich

Heckel, der 1912 in einem produktiven Sommer auf der Ostseeinsel 35 Arbeiten schuf. Es kamen Ernst Barlach, Conrad Felixmüller, Emil Orlik, Käthe Kollwitz, Eugen Spiro und ab 1925 immer wieder Willy Jaeckel, der sich 1937 in Kloster ein Feriendomizil bauen ließ. Keine geringe Rolle spielten auf Hiddensee indes die Malerinnen: Henni Lehmann strich neben ihrer Vitter Sommervilla eine Scheune mit bläulichem Kalk an und richtete sie als Atelier und Galerie

ein – zum großen Missfallen Hauptmanns: »Es ist ein ekelhaft bekrochenes Eiland geworden«, notierte der 1910 in sein Tagebuch. »Ein dickes Weib hat eine Villa errichtet und malt frech vor der Tür mit zwei Centnern am Leib. Fürchterlich!«[19] Zusammen mit der Berlinerin Clara Arnheim gründete Lehmann den Hiddensoer Künstlerinnenbund. Zwar arbeitete etwa Elisabeth Büchsel bis in die 1950er Jahre auf der Insel, doch nicht wenige Mitglieder des Bundes sollten ein frühes und tragisches Ende finden: Henni Lehmann nahm sich 1937, wegen ihrer

jüdischen Herkunft inzwischen unerwünscht, das Leben. Clara Arnheim wurde 1942 in Theresienstadt ermordet, die Hodler-Schülerin Käthe Loewenthal im Konzentrationslager Izbica.

Nach Hiddensee kamen Schriftsteller und Publizisten wie Gottfried Benn und Theodor Däubler, Julius Bab, Ludwig Marcuse, Erich Mühsam und Ernst Toller, Carl Zuckmayer, Franz Werfel und für kurze Zeit Lion Feuchtwanger, Felix Emmel, der seit 1921 ein Haus in Vitte sein Eigen nannte und dort an seinem Hauptwerk *Das Ekstatische Theater* arbeitete, und Hans Fallada, der 1932 in Neuendorf Teile seines Bestsellers *Kleiner Mann, was nun?* verfasste.

Rechte Seite: Asta Nielsen, der erste Filmstar in der Geschichte des Kinos, erwarb 1928 ein kreisrundes Haus in Vitte, benannte es – in dänischer Schreibweise – Karusel und verbrachte dort etliche Sommer.

Nicht zuletzt aber suchten Theater- und Filmleute die Insel auf. Der populäre *Fridericus-Rex*-Darsteller Otto Gebühr, der den preußischen Monarchen im Laufe seiner Karriere in 16 Filmen sowie einigen Bühnenstücken verkörperte, besaß ein eigenes Sommerhaus in Kloster und fand in dieser »Wahlheimat [...] auf Schritt und Tritt Behaglichkeit, Ruhe, Frieden. Das, was der Großstadtmensch sucht, wenn er Berlin verlässt.«[20] Der Starschauspieler Alexander Granach und der durch seine Physiognomie und seine exaltierte Spielweise populäre Hubert von Meyerinck verbrachten den Sommer ebenso gerne dort wie der aufsteigende Star der Hamburger Kammerspiele Gustaf Gründgens, der sich 1925 »nach dieser teuflischen Saison [...] an See, Luft, Sonne und Jan von allem Hässlichen des Winters« auf Hiddensee erholte – Jan Kurzke war der Lebensgefährte des Schauspielers und für ihn »nötiger wie das tägliche Butterbrot«, wie er seinem Vater darlegte, der das gemeinsame Leben der beiden wie auch diesen Urlaub finanzierte und sich beschwert hatte, dass er »für den Luxus« seines Sohnes, »Jan zu haben, bluten müsse«.[21]

Die Prominenteste war zweifellos die Dänin Asta Nielsen, der erste Filmstar in der Geschichte des Kinos, eines der ersten Sexsymbole und eine der ersten Werbe-Ikonen, die unter anderem eine eigene Zigarettenmarke vertrieb. Mit ihrer androgynen Gestalt und ihrem Bubikopf begeisterte sie vor allem durch die Darstellung moderner Frauen, die sich jenseits der gesellschaftlichen Konventionen bewegen, übernahm aber 1920 auch die Titelrolle in einem *Hamlet*-Film. »Unter einem unfassbar hohen und blauen Himmel, in Licht und Farben getaucht, die hier noch leuchtender waren als an anderen Orten des Nordens, die ich kenne, liegt die schmale, primitive Insel wie eine Oase in der Ostsee«[22], schwärmte sie. 1928 erwarb sie ein kreisrundes Haus in Vitte, benannte es – in dänischer Schreibweise – Karusel und verbrachte dort, oft mit ihrer Schwester sowie ihrem Geliebten, dem russischen Schauspieler Grigori Chmara, etliche Sommer; meist blieb sie gleich mehrere Monate lang. Das Karusel wurde zum beliebten Treffpunkt der Maler, Schriftsteller und Schauspieler: »Im allgemeinen fanden sie sich gegen drei Uhr ein. Dann stellten wir Tische und Stühle ins Gras, etwas anderes gab es nicht um mein Haus. Das Mädchen lief mit Kaffeekannen ein und aus; es gefiel ihr, dass die mit den Kringeln des Insel-Bäckers gefüllten Schalen sich so rasch leerten. Einige Gäste blieben hin und wieder zum Abend. Räucheraal und Flundern waren Hauptbestandteil der Mahlzeit. In dieser Gegend war alles so einfach. Nach dem Essen versammelten wir uns am Kamin um die große Kupferbowle, in der Waldbeeren in frischem Sekt und Mosel Greifen spielten, und die Unterhaltung hub an. Die Kunstwelt wurde von allen Seiten beleuchtet und erhielt ihren blauen und roten Stempel. Jeder hatte seine ausgesprochen persönliche Ansicht, und keiner hielt damit hinterm Berg. Besonders die Münchener Künstler lösten sämtliche Probleme der Welt: Der Dichter Ringelnatz veranschaulichte im Handumdrehen mit Hilfe von Streichhölzern, wie die Pyramiden in der Wüste erbaut wurden, [...] hielt ›La Paloma‹ für das beste Musikstück der Welt und Chaplin für größer als Shakespeare [...].«[23] In Matrosenuniform rezitierte Joachim Ringelnatz seine originellen Gedichte, darunter

Asta Nielsen und der Dichter Joachim Ringelnatz
machen Späße vor Nielsens Hiddenseer Haus
Karusel. Rechte Seite: Die Schauspieler Otto
Gebühr, Asta Nielsen und Grigori Chmara
während eines Urlaubs auf Hiddensee, 1928.

eines mit dem Titel *Insel Hiddensee*: »Kühe weiden bis zum Rande / Großer Tümpel, wo im Röhricht / Kiebitz ostert. – Nackt im Sande / Purzeln Menschen, selig töricht.«[24]

Neben unzähligen anderen kamen die Kabarettistin Valeska Gert, der umschwärmte Stummfilmstar Conrad Veidt, die weltweit

bewunderte Opernsängerin Lotte Lehmann, der Dirigent Otto Klemperer, die Schauspieler Paul Wegener, Heinrich George, Willi Forst und Ruth Hellberg, die späteren NS-Propagandafilm-Regisseure Veit Harlan und Leni Riefenstahl sowie Peter Kreuder und sein Kollege Friedrich Hollaender, der 1932 im Haus am Meer die satirische »Revuette« *Höchste Eisenbahn* komponierte. In jenem Sommer stiegen alleine im Hotel Dornbusch Brigitte Helm, Gitta Alpár, Gustav Fröhlich, Franz Wachsmann und Gustaf Gründgens ab, Max Colpet und Billie (später Billy) Wilder arbeiteten dort fünf Wochen lang an einem Drehbuch. Manche von ihnen verbrachten nicht nur einige Ferienwochen dort, sondern reisten sommers auch übers Wochenende nach Hiddensee, das man von Berlin aus in drei bis vier Stunden erreichte: Per Eisenbahn oder im eigenen Automobil fuhr man nach Stralsund und nahm dann dort einen der beiden Passagierdampfer – ab 1925 unterstützte die Swanti die 1890 gebaute Caprivi. So nannte man Hiddensee in jener Zeit auch das »Romanische Café unter den Ostsee-Inseln«[25] – das 1916 am Berliner Auguste-Viktoria-Platz eröffnete Romanische Café war der Kristallisationspunkt des musischen und künstlerischen Berlin, Arbeitsplatz für Literaten, Privatbüro erfolg-

reicher Genies, Meinungs- und Talentbörse, Umschlagplatz für
Ideen, aber auch das Wohnzimmer finanziell klammer Bohemiens,
die dort stundenlang bei einer einzigen Tasse Kaffee sitzen konnten.

Nicht wenige der Kultur- und Geistesgrößen, die Hiddensee
aufsuchten, waren jüdischer Herkunft, darunter, um nur die Pro-
minentesten zu nennen, Max Reinhardt, Albert Einstein und Sig-
mund Freud. »Die Nackten im Süden, / Im Norden die Juden, /
nur in der Mitte, in Vitte / Herrscht Ordnung und Sitte«[26], reimte
man in den 1920er Jahren: Schon zu Beginn dieses Jahrzehnts
hatte Vitte mit dem Prädikat »judenfrei« um Gäste geworben und
in einen Badeprospekt den Hinweis drucken lassen: »Juden finden
keine Aufnahme.«[27] Der Sommer 1932 sollte der letzte der über
viele Jahre gewachsenen Hiddenseer Künstlerkolonie werden, von
1933 an blieben viele Stammgäste aus, und 1935 ließ auch die Ge-
meindeverwaltung des bislang eher weltoffenen Kloster ein Schild

anbringen, dass Juden im Ort nun unerwünscht seien. »Die dunkelhaarigen, intellektuellen Künstlertypen wurden von kräftigen blonden Männern und breithüftigen Frauen mit Gretchenfrisur abgelöst. Die stampften großspurig und laut über Felder und Wege und lachten schallend und herausfordernd. Kleine Jungen in braunen Hemden marschierten gruppenweise über die Insel, erhitzt und überanstrengt vom strammen Trampeln in der Sonnenglut. [...] Die neue Zeit hatte von der Insel Besitz ergriffen. Ich hatte dort nichts mehr zu suchen«[28], berichtete Asta Nielsen, die ihr Sommerhaus noch bis 1936 bewohnte, in ihren Memoiren.

Nach den Jahren des Nationalsozialismus, in denen auf Hiddensee große Ferienlager der HJ durchgeführt wurden, diente die Insel zu DDR-Zeiten abermals vielen Künstlern als Refugium. Eigene Häuser besaßen etwa der einst als »Barrikaden-Tauber« gefeierte Sänger und Schauspieler Ernst Busch, der Intendant der Berliner Komischen Oper Walter Felsenstein, die Tänzerin und Choreografin Gret Palucca und die Schauspielerin Inge Keller – allesamt für ihre Verdienste vielfach ausgezeichnete Staatskünstler. Und doch wurde Hiddensee, so wie ein Menschenleben zuvor, auch wieder ein Ort, den man aufsuchte, um sich »für ein paar Tage frei zu fühlen vom atmosphärischen Druck einer Gesellschaft, die drüben am Fährhafen zurückblieb«, wie der Schriftsteller Chaim Noll formulierte. »Hier konnte man allein sein, laufen bis zur Ermüdung der Glieder und Leichtigkeit des Kopfes, offen reden, der Wind verschlang jedes Wort. Wir hatten plötzlich das Gefühl von Weite, Klarheit und Frische wie nirgends sonst in diesem Land.«[29]

Trotz steigender Besucherzahlen – inzwischen kommen rund 250 000 Menschen jährlich auf die Insel – fasziniert das charmante Eiland bis heute und empfiehlt sich nicht nur als Sommerbad, sondern auch für herbstliche Rad- oder Wandertouren durch die abwechslungsreiche naturgeschützte Landschaft. Man teilt sich die Straßen und Wege allenfalls mit einigen Pferdekutschen, privater Autoverkehr ist verboten. Wohl kaum irgendwo kann man der Hektik des Alltags besser entfliehen als in diesem geschichtsträchtigen Naturparadies.

ST. MORITZ

Auf der Bühne der Grand Hôtels

Kasimir Edschmid

Erich Kästner

Georg Kaiser

Annette Kolb

Thomas Mann

Vaslav Nijinsky

Richard Wagner

Stefan Zweig

u. a.

DAS MONDÄNE ST. MORITZ

ch wiederhole immer: Dies Ober-Engadin ist der schönste Aufenthalt der Welt. Nicht leicht spreche ich von ›Glöck‹, aber ich glaube beinahe, ich bin glücklich hier«[1], schwärmte der sonst so spröde Thomas Mann in St. Moritz über das Hochtal mit den Orten St. Moritz, Silvaplana und Sils Maria, jeder an einem See und umgeben von majestätischen Drei- und Viertausendern. Walter Benjamin rühmte die »große anspannende und den Geist stählende Landschaft«[2], Hermann Hesse pries deren »Heil- und Trostkräfte«[3]. Ebenso begeistert hatte sich schon Friedrich Nietzsche gezeigt: »Nun habe ich vom Engadin Besitz ergriffen und bin in meinem Element, ganz wundersam! Ich bin mit dieser Natur verwandt. Jetzt spüre ich die Erleichterung. Ach, wie ersehnt kommt sie!«[4] Stefan Zweig wiederum nannte das Engadin »den schönsten Winterwinkel der Welt«: »Denn so rein ist hier die durchsonnte Luft, dass alles noch ferner scheint und die Sterne nachts weiß niederbrennen aus Unabsehbarkeit. Und dieses Weiß, das makellose, unirdische Weiß des Hochlandschnees, ist von ei-

ner Farbe, wie sie von allen Dingen der Welt nur Edelsteine haben,
die ihre Farben nicht still tragen wie ein Kleid, sondern aus sich
heraus brennen, gleichsam ihre Seele. Man kann es nicht schil-
dern. Man kann es nicht malen. Die Segantini-Bilder sind schön,
bis man die Wirklichkeit kennt, und einem vielleicht nachher wieder lieb als Erinnerung, hier aber bleiben sie arm.
Sie verlieren ihren Glanz so wie das Wort Winter
hier seine Kraft. Alles Böse, Drohende, Harte, das
in dem spitzen Vokal, dem starren Konsonanten
schwingt, ist hier fort: Winter, das ist hier Glanz,
Sonne, Klarheit, Licht, Heiterkeit und Reinheit.«[5]
Und auch Marcel Proust schwelgte wortreich von
seinen Eindrücken: »Werden wir je die Spaziergänge am See von Sils Maria vergessen, als der Nachmittag endete, um sechs Uhr? Die Lärchen, von so
schwarzer Klarheit, wenn sie sich vom blendenden
Schnee abheben, streckten dem blassblauen, beinahe malvenfarbenen Wasser ihre in zartem Grün
leuchtenden Äste entgegen. Eines Abends war uns
die Stunde besonders gnädig gesinnt; mit liebli-
chem Zauber ließ die sinkende Sonne im Verlauf
weniger Augenblicke das Wasser alle Farbtöne und
unsere Seele alle Wonnen durchlaufen. Verbunden
mit der Ekstase unseres Herzens zog sich die Ago-
nie der Blautöne wie eine lang andauernde Liebkosung hin.«[6]

Obschon so mancher auch Heiteres verfasste – Erich Kästner
etwa arbeitete 1954 im St. Moritzer Hotel Palace am Drehbuch zu
Drei Männer im Schnee –, entwerfen auffallend viele Texte, die in
dieser zauberischen Landschaft entstanden, ein düsteres Zeitbild,

seien es *Die letzten Tage der Menschheit*, ein Stück über die Unmenschlichkeit und Absurdität des Ersten Weltkriegs, das Karl Kraus zu einem wesentlichen Teil 1916 in St. Moritz schrieb, sei es der Exilroman *Mephisto*, an dem Klaus Mann 1936 im etwa zehn Kilometer südwestlich von St. Moritz gelegenen Sils Baselgia arbeitete und in dem er seinen ehemaligen Freund und Schwager Gustaf Gründgens als verabscheuungswürdigen Opportunisten porträtiert, der den Nazis vor Eitelkeit blind als Aushängeschild dient.

Heute kommen wohl nur noch wenige Schriftsteller ins 5400 ständige Einwohner zählende St. Moritz, um die Seelenlandschaft des Engadins zu erkunden. Schon 1930 meinte Hermann Hesse, der im Chantarella abstieg: »Also da sind wir in unsrem fünfstöckigen Millionärshotel, und es kommt mir natürlich komisch vor, so auf großem Fuß (pro Person täglich 30 Fr. Pension) inmitten einer Berliner und internationalen Schieber- und Kapitalistenwelt zu leben. Aber [...] das Milieu hat den Vorteil, dass mich niemand kennt und sich mir aufdrängt, denn hier gilt nur Geld und Rang, man muss täglich Sekt trinken oder Graf sein, um vom Nebenmann beachtet zu werden.«[7] Inzwischen ist St. Moritz ® – Top of the World längst zur international registrierten Nobelmarke geworden, der Schriftzug und das Sonnensymbol (die Sonne scheint hier an sensationellen 322 Tagen im Jahr) seit den 1930er Jahren beim Amt für geistiges Eigentum geschützt. St. Moritz – dessen vom heiligen Mauritius stammenden Namen man entgegen der Gepflogenheit vieler Deutscher auf der letzten Silbe betont –, das

Unten: Johannes Badrutts Sohn Caspar kaufte 1884 das Beau Rivage und ließ es zwischen 1892 und 1896 zu einem prestigeträchtigen Grand Hôtel erweitern: dem an eine mittelalterliche Burg erinnernden Palace, dessen markanter viereckiger Turm heute als Wahrzeichen von St. Moritz gilt.

bedeutet mondäner Lifestyle, elitärer Wintersport und kosmopolitisches Flair unter angeblich ewig blauem Himmel. Wirtschaftsbosse, Europas Hochadel und reiche Erben aus aller Welt – 24 Prozent der Gäste kommen aus Deutschland – genießen das hochalpine »Champagnerklima«, für das die Jet-Set-Destination weltberühmt ist, trinken »Cüpli«, carven, snowboarden oder spielen Polo auf dem gefrorenen See. Schon 1879 klagte Friedrich Nietzsche über die St. Moritzer »Höhenpreise«[8] und meinte damit die in seinen Augen überteuerten Backwaren. Heute gibt man sein Geld in den Flagship-Stores und Boutiquen von Prada, Chanel, Hermès oder Gucci aus. Übernachtet man in Badrutt's Palace in der Hans-Badrutt-Suite, bezahlt man mehr als 20 000 Franken pro Nacht. Gelegentlich lichten Paparazzi George Clooney, Robbie Williams oder Madonna, König Carl Gustav von Schweden, Ivana Trump oder Wladimir Putin ab, der Ex-Tennisspieler Boris Becker verkaufte die Fernsehrechte an seiner St. Moritzer Hochzeit einem deutschen Privatsender, doch ansonsten gilt im Hotspot der Reichen, Schönen und Mächtigen absolute Diskretion als oberstes Gebot. Kein Nobelhotel würde die Namen seiner Gäste preisgeben.

Früher war das anders. Noch bis zum Zweiten Weltkrieg veröffentlichte die seit 1885 dreimal wöchentlich erscheinende deutsch-englisch-sprachige Zeitung *Engadine Express & The Alpine Post* gleich seitenweise Fremdenlisten. Und so mokierte sich um die Jahrhundertwende der Poet und Dandy Robert de Montesquiou – Vorbild für Oscar Wil-

Heute gilt absolute Diskretion als oberstes Gebot, kein Nobelhotel würde die Namen seiner Gäste preisgeben. Noch bis zum Zweiten Weltkrieg aber veröffentlichte die deutsch-englisch-sprachige Zeitung *Engadine Express & The Alpine Post* gleich seitenweise Fremdenlisten.

St. Moritz-Dorf

Hotel Engadiner Kulm
and
New Kulm Hotel

Manager: Otto Busch.

Son Altesse Impériale le Grand Duc Andréa de Russie
Capitain de Coubé, Aide de Camp de Son Altesse Impériale

Monsieur le Comte Elemèr de Lonyay, Hongrie
S. A. R. Madame la Comtesse de Lonyay, Princesse Stéphanie de Belgique
La Baronne de Gagern, Dame d'Honneur et Serviteurs

Seine Durchlaucht der Fürst Festetics von Tolna, Ungarn

Seine Durchlaucht der Fürst v. Hatzfeld-Wildenburg
Ihre Durchlaucht die Fürstin v. Hatzfeld-Wildenburg

Seine Durchlaucht Prinz Heinrich XXXVII Reuss j. L. Ludwigslust

Ihre Durchlaucht die Erbprinzessin Isenburg und Büdingen

Seine Durchlaucht Karl Fürst zu Windisch-Grätz
Ihre Durchlaucht die Fürstin zu Windisch-Grätz

Dr. J. F. Holland. English Resident Physician H. B. M. Consul
Mrs Holland and Maid
Mrs P. H. Danvers, London
Master Danvers, London
Mr and Mrs J. Wormser jr., New York
Mr C. S. Bollini, Argentine
Mr and Mrs Newton Melman Schaffer jr. and family, New York City

Mr J. Fulton Lawrie, London
Captain Cave Brown Cave, R. N., London
Mrs Cave Brown Cave, London
Mr Piero Tolentino, Italie
Mme Alessandra Tolentino, Italie
Mr and Mrs Horatio Hataway, Dedham, Mass. U. S. A.
Mr Lovering Hataway, Dedham, Mass.
Mr Arthur R. Palmer, Omaha, Nebraska
Rev. Arthur Crosse, Norwich
Mr and Mrs William J. Orthwein, St. Louis
Miss Alma Orthwein, St. Louis
Mr Jean Ribes, Paris
Mr Charles E. Bacon, Boston
Mme R. Lafaurie, Le Havre
Mlle Lafaurie, Le Havre
Mr Pierre Marcerou, St-Pétersbourg
Mr and Mrs J. Michels, New York
Mr P. C. Thornton, Burnham
Mr and Mrs E. E. Mavrogordato, London
Mr and Mrs Martin, England
Mr Gustav Porges and suite, New York City
Elizabeth Lady Johnson, Nice
Major P. B. Lindsell, London
Mr Walter Grimshaw, Folkestone
Mr and Mrs E. Porter May, Boston, U. S. A.
Mrs Ash, London
Miss Ash, London
Herr und Frau von Mendelssohn-Bartholdy, Potsdam
Fräulein von Mendelssohn-Bartholdy, Potsdam
Mr George Arton, London
Mrs J. D. H. Ralph, child and governess, Philadelphia

des *Dorian Gray* ebenso wie den zynischen Baron de Charlus in Prousts *Auf der Suche nach der verlorenen Zeit –*, er sei in St. Moritz durch deren regelmäßige Lektüre »Zeuge des allmählichen Aufstiegs eines jungen Ehrgeizlings« geworden, »der es in sage und schreibe vier oder fünf Jahren zum Herzog gebracht hat [...]. Es kostet so wenig und tut so gut! Man muss nur den Faktor, der mit der Redaktion dieses Titelausteilers betraut ist, dazu bringen, etwas fettere Typen zu wählen und den Namen an die Spitze der Liste zu setzen, und schon wird man mit Anreden wie Durchlaucht bombardiert.«[9]

Doch wie kam es dazu, dass ein armseliges Bauerndorf, das noch 1830 gerade einmal 200 Einwohner zählte, zur mondänsten Hotelstadt der Alpen avancierte? Seine Bedeutung verdankt St. Moritz den 1466 v. Chr. erstmals erwähnten Heilquellen, die im Mittelalter nicht nur Badegäste anlockten, sondern auch Pilger: 1519 versprach Papst Leo X. jedem Gläubigen, der zur Quellenkirche des heiligen Mauritius pilgerte, die völlige Absolution. 1537 pries der berühmte Paracelsus die heilsame Wirkung des kohlensäure- und eisenhaltigen Wassers. Damals waren die Alpen ein gefährliches Hindernis zwischen Norden und Süden, ein Ort des Schreckens, erst im 18. Jahrhundert wurde die Alpenwelt allmählich zum Sehnsuchtsort. Als Richard Wagner 1853 zur Badekur nach St. Moritz fuhr, musste er sich noch über das miserable Essen dort beschweren und klagte, er habe »mit dem wildesten Unterkommen vorlieb [...] nehmen«[10] müssen. St. Moritz empfand er als »eine unerfreuliche Öde, mit größter Unbequemlichkeit in allen Einrichtungen und sehr eintönig«[11]. Schon drei Jahre danach half man zumindest dem Mangel an Komfort ab: 1856, diese Zahl markiert nicht nur die Höhe über dem Meeresspiegel des auf der Alpensüdseite gelegenen Ortes, im Jahr 1856 nahm auch das Kurhaus mit 60 Gästezimmern, zwei Speisesälen, Kaffeezimmer, Lesesalon und Billardzimmer den Betrieb auf. Und ebenfalls 1856 begründete Johannes Badrutt in St. Moritz das erste Luxushotel der Alpen: Er mietete die Zwölf-Betten-Pension Faller (jene Unterkunft, über die sich Richard Wagner drei Jahre zuvor so echauffiert hatte), benannte sie in Zum Engadiner Kulm um, erwarb sie zwei Jahre später, ließ sie bald darauf um zwei Geschosse erhöhen, mit einem Satteldach decken, mit Türmchen und Zinnen verschönern und erweiterte sie sukzessive zum komfortabelsten Hotel des Ortes; 1879 brannten im Speisesaal des heutigen

PALACE HOTEL ST. MORITZ
6000 F % 1800 M. ⅝ₘ

Kulm-Hotels die ersten elektrischen Bogenlampen der Schweiz. Und bereits 1864 hatte Badrutt mit Ihrer Majestät Königin Pauline von Württemberg den ersten Gast von internationalem Rang beherbergen können.

Der Hotelpionier Badrutt war es auch, der St. Moritz zum Geburtsort des alpinen Wintertourismus machte. Anfang September 1864 wettete er mit einigen britischen Sommergästen: Sollten sie im Winter nach St. Moritz kommen, würden sie bei sonnigem Wetter hemdsärmelig auf seiner Hotelterrasse sitzen können, falls nicht, übernehme er sämtliche Reisekosten. Tatsächlich kehrten die Engländer nach Monaten im Schnee sonnengebräunt und zufrieden nach Hause zurück. Von da an vergnügten sich Winter für Winter immer mehr Gäste beim Wintersport, liefen Schlittschuh, vertrieben sich die Zeit mit Tobogganing und Skeleton, dem Bäuchlings-Rodeln, oder beim Bandy, dem Vorläufer des heutigen Eishockeys. Bei Letzterem faszinierte den Schriftsteller Kasimir Edschmid »die Blitzhaftigkeit, mit welcher die Parteien sich durchdringen, auflösen und das Bild traumhaft verwischen und verschieben«[12], kritischer hingegen betrachtete er die Bobfahrer, »jene leicht Verstümmelten, deren Verletzungen oft nur grotesk sind, aber mit Stolz getragen werden. Diese Damen mit blau geschlagenen Augen, diese Burschen mit halben Wangen und zerrissener Nase sind Opfer jenes Sports, der nur ein paar Minuten Konzentration bedarf, aber den Lorbeer erhält [...].«[13] Und die St. Moritzer Eisbahn schien ihm »der Jahrmarkt der Eitelkeiten, wo die Unsportlichen sich auf Schlittschu-

Linke Seite: Auch im Sommer für Freunde
des Picknickens und Golfens beliebt:
St. Moritz. Plakat aus dem Jahr 1922.
Unten: Im Winter 1890 fand in St. Moritz
das erste Bobsleigh-Rennen statt.

St. Moritz — Bobsleigh-Start

hen ›bewegen‹ und die Künstler und Besessenen sich produzieren. Ich finde das Eislaufen bei Damen selten und höchstens bei sehr kühnen Sprüngen schön, bei Männern lächerlich. Die ewige Angst, nicht in schöner Balance zu liegen, gibt den preziös gestellten Armen und Beinen den Ausdruck atemloser Komik. Die Frau ist körperlich immer eitel und daher natürlich in ihrem Theater. Der Mann ist voller Hemmungen in seiner Eitelkeit und daher raffiniert ölig.«[14] Stets war man in St. Moritz sportlich der Zeit voraus: 1881 veranstaltete man das erste Curling-Match auf dem Kontinent, 1882 fanden die ersten Eislauf-Europameisterschaften statt, 1885 baute man erstmals den Cresta Run, einen 1212 Meter langen Eiskanal, im Sommer 1889 sah St. Moritz das erste Golfturnier in den Alpen, im Winter 1890 das erste Bobsleigh-Rennen – der 1904

1907 veranstaltete man in St. Moritz das erste offizielle Skikjöring-Rennen: Unberittene Vollblutrennpferde mit Skifahrern im Schlepptau liefen auf dem zugefrorenen St. Moritzersee um die Wette. Anschließend bedienten Heerscharen von Kellnern die betuchten Gäste.

in Betrieb genommene Olympia-Bobrun St. Moritz–Celerina ist heute die älteste noch benutzte Bobbahn und die letzte übriggebliebene Natureispiste der Welt –, 1907 das erste offizielle Skikjöring-Rennen: Unberittene Vollblutrennpferde laufen mit Skifahrern im Schlepptau um die Wette.

Um die Jahrhundertwende entstand in St. Moritz, zwischen dessen beiden Ortsteilen St. Moritz Bad und St. Moritz Dorf ab 1894 die erste elektrische Trambahn der Schweiz verkehrte, eine ganze Reihe kolossaler Hotelpaläste. Johannes Badrutts Sohn Caspar, der 1883 das Hotel Caspar Badrutt eröffnet hatte, kaufte im Jahr darauf auch noch das Hotel Beau Rivage und ließ es zwischen 1892 und 1896 zu einem prestigeträchtigen Grand Hôtel erweitern: dem an eine mittelalterliche Burg erinnernden Palace, dessen markanter viereckiger Turm heute als Wahrzeichen von St. Moritz gilt. Es wurde mit allen technischen Errungenschaften wie hydraulischen Aufzügen und einer Dampfheizung ausgestattet, doch nur die Suiten besaßen eigene Badezimmer; Zimmer mit fließendem Wasser, Bad und Toilette waren damals selbst in Luxushotels noch nicht üblich. Zum Essen hatte man pünktlich zu erscheinen, saß man doch gemeinsam an einer langen »table d'hôte«, an deren Kopfende der Hotelbesitzer Badrutt thronte, ihm zur Seite die am längsten im Hotel anwesenden Gäste; reisten sie ab, rückten die nächsten nach – erst 1913 wurde ein Speisesaal mit Einzeltischen gebaut. Für die »domestiques«, wie man all die Diener und Kammerzofen, die die Herrschaft begleiteten, nannte, gab es selbstverständlich gesonderte Speiseräume. Herzstück des Hotels war von Beginn an die mit Säulen und Spitzbogen, Marmorboden und Holzdecken ausgestattete, geradezu sakral wirkende Halle im Parterre mit Blick auf das Bergpanorama. Den offiziellen Eröffnungs-

1909 beherbergte man im Palace den österreichisch-ungarischen Thronfolger Erzherzog Franz Ferdinand und dessen Familie.
Rechte Seite: Schicke Damen-Wintermode
in St. Moritz, 1922.

ball des Palace leitete Caspar Badrutt mit Mary von Teck ein, der
Gattin des künftigen englischen Königs George V., und schon bald
waren es weniger die Sportmöglichkeiten, die den Ruf des Hotels
prägten (obschon den Gästen diesbezüglich alles nur Denkbare
geboten wurde, darunter ab 1913 die ersten Indoor-Tennisplätze
auf dem europäischen Kontinent), sondern seine exquisiten Diners
und extravaganten Bälle im heute geradezu legendären Em-
bassy-Room. Das Palace wurde zu einer bevorzugten Bühne der

internationalen Gesellschaft, die Gäste hießen
Rothschild, Metternich oder Astor, 1907 logierte der
Maler Ferdinand Hodler hier, man beherbergte
1909 den österreichisch-ungarischen Thronfolger
Erzherzog Franz Ferdinand, dessen Ermordung
den Ersten Weltkrieg auslöste, ebenso wie zehn Jahre später den entthronten Kaiser Karl auf dem Weg
ins Exil.

Direkt neben dem Palace entstand zwischen
1902 und 1905 der wuchtige Bau des Grand Hôtels,
damals das größte Gebäude der Schweiz. 1912 empfing das auf einem Hochplateau zwischen St. Moritz und Champfèr im Stil der Belle Époque erbau-
te Suvretta House die ersten Gäste. Es besaß für
250 Zimmer die damals sensationelle Anzahl von
110 Badezimmern, Salons für Billard und Bridge,
ein Musikzimmer, eine Bibliothek sowie elegant dekorierte Fest-
und Speisesäle – dort trat der Ballett-Star Vaslav Nijinsky 1919 in
schwarzem Pyjama und weißen Tanzstiefeln vor 200 Gästen zum
letzten Mal auf, bevor er in geistige Umnachtung versank. Ebenfalls
1912 eröffnete die durch eine Drahtseilbahn mit dem Dorf verbun-

dene Erholungs- und diätetische Höhen-Kuranstalt Chantarella, deren Besuch allerdings Lungenkranken verboten war: Bereits 1898 hatte der Gemeinderat beschlossen, den Bau von Lungensanatorien zu untersagen, man hatte darin »eine Gefährdung der Interessen des Sommer- und des Winterkurortes St. Moritz«[15] erblickt. 1913 nahm das Hotel Carlton seinen Betrieb auf; ursprünglich wurde es als Sommerresidenz des russischen Zaren Nikolaus II. errichtet, der 1918 von den Bolschewiki erschossen werden sollte und der heute von der russisch-orthodoxen Kirche als Heiliger verehrt wird.

Schon bald darauf führte der Ausbruch des Ersten Weltkriegs zum Einbruch des Tourismusgeschäfts, die meisten Ausländer ver-

Die berühmte Halle des Hotels Palace
St. Moritz, 1936. Rechte Seite: Charlie
Chaplin und sein Bruder Sydney bei einer
Gala im Palace in St. Moritz, um 1932.

ließen St. Moritz fluchtartig. Doch nach und nach trafen wieder
Gäste ein, die es sich leisten konnten, dem Kriegsgeschehen in
ihren Heimatländern eine Zeit lang zu entfliehen – oder die von
dort hatten fliehen müssen. So stieg mit einem Gefolge von rund
50 Personen ein Cousin des einstigen Erbauers im Carlton ab:
Konstantin I. von Griechenland hatte man unter anderem wegen

seiner deutschfreundlichen Haltung – er war mit
einer Schwester Wilhelms II. verheiratet – zum
Thronverzicht gezwungen. Nachfolger war sein
zweitältester Sohn geworden, der 1920 an den Folgen eines Affenbisses verstarb – Konstantin I. wurde auf den Thron zurückgerufen und konnte sein
Exil verlassen. Gerade in den Kriegsjahren und vor
allem in der unmittelbaren Nachkriegszeit entwickelte sich der Ort aber auch zum Treffpunkt von
Kultur- und Geistesgrößen. 1916 reiste der gefürch-
tete *Fackel*-Autor Karl Kraus mehrmals zu seiner
Freundin Sidonie Nádherný von Borutin, die das
Chalet Manin Sur bewohnte – und die Kraus sogar
heiraten wollte, doch der ebenfalls mit der Baronin
befreundete Rainer Maria Rilke intrigierte erfolg-
reich und unter Anspielung auf Kraus' jüdische Abstammung. 1917
kam der »Theatermagier« Max Reinhardt nach St. Moritz, im Winter 1918/19 stieg der Schriftsteller René Schickele im Hotel Caspar
Badrutt ab – auf Einladung des in die Schweiz emigrierten Ver-
legers Paul Cassirer und seiner Frau, der Schauspielerin Tilla
Durieux; als diese 1926 die Scheidung einreichte, sollte sich Cassirer das Leben nehmen. »Tilla Durieux hat sich beim Skikurs das
Knie verstaucht und wird täglich massiert: Sie hinkt wie eine an-

geschossene Kleopatra an einem Spazierstock und in großer Abendtoilette in den berühmten ›lichterglitzernden‹ Speisesaal mit einem leise herausfordernden Blick über die besetzten Tische«[16], berichtete Schickele, und über die Ankunft seiner Kollegin Annette Kolb kolportierte er: »Beim Auspacken ihres Koffers stellt Annette fest, dass die Flasche Kölnisch Wasser ausgelaufen ist und ihr neues Pracht- und Abendkleid mit großen Flecken versehen hat. Sie zieht es trotzdem an. Die Flecken können schlimmstenfalls für geheimnisvolle dekorative Elemente im Gewebe gelten.«[17] Auch der Pianist Leo Kestenberg und der Schriftsteller Stefan Zweig gesellten sich zu ihnen: »Hier ist keine Armut links wie in den Städten, keine Krankheit rechts wie in Davos, Einschränkungen des Vergnügens haben nicht mehr die drohende Wirkung. Die Hotels, ihre alten Burgen des Luxus, stehen offen: Langsam finden sich die Sorglosen wieder. [...] Man lacht hier viel, man amüsiert sich. Man denkt nicht an den Krieg.«[18]

Die »Goldenen Zwanziger Jahre« ließen auch St. Moritz, 1928 erstmals Austragungsort der Winterolympiade, wieder erstrahlen. Vermehrt kamen nun Filmstars wie Douglas Fairbanks, der zum Stammgast wurde und 1935 in St. Moritz den ersten Skilift der Schweiz einweihte, Charlie Chaplin, Henny Porten, Pola Negri, Harold Lloyd, Emil Jannings oder der Regisseur Alfred Hitchcock. Letzterer verbrachte im Palace 1926 seine Flitterwochen und feierte dort später während Jahrzehnten seinen Hochzeitstag. Der Literaturnobelpreisträger Thomas Mann wählte in den 1930er Jahren immer wieder das seit 1920 als vornehmes Hotel betriebene Chantarella für seine Winterferien, traf dort Kollegen wie Hermann Hesse und Jakob Wassermann, der 1931 aus seinem Roman *Der Fall Maurizius* vorlas, sowie seinen Verleger Samuel Fischer. Auch der Schriftsteller Otto Flake reiste 1931 nach St. Moritz: »[...] um Fischers im Chantarella-Hotel zu besuchen, musste ich für ein sehr bescheidenes Zimmer dreißig Franken bezahlen und blieb kaum eine Woche.«[19] »Wohl denen, die sich diesen Ausflug in die Berge leisten können«, meinte denn 1930 auch die deutsche Zeitschrift *Das Magazin*, St. Moritz sei »der teuerste, aber auch der schönste, der am schlechtesten zu erreichende, aber auch der internationalste Wintersportplatz. Die Pariser Schneider haben hier kleine Filialen, die Feste sehen Maharadschas und königliche Häupter auf ihrem Parkett, die Mitgliederlisten der zahllosen Sportklubs sind Auszüge des Gotha oder ziemlich vollständige Register der Hochfinanz.«[20]

Anders als in den österreichischen Sommerfrischen besaßen in St. Moritz nur wenige Gäste ein eigenes Domizil, man bevorzugte den kaum weniger kostspieligen Hotelaufenthalt. Zu den Ausnahmen gehörte der Dirigent Wilhelm Furtwängler, der 1922

Rechte Seite: Hans Albers mit seiner Lebensgefährtin Hansi Burg und der Schauspielerin
Käthe von Nagy in St. Moritz, 1931.

das am Stazer See gelegene Landhaus Acta Silva als Refugium erwarb. Und der Autor Emil Ludwig empfing in seiner Villa Suvret-
tina über Jahre prominente Gäste wie Alexander Moissi, Arthur
Schnitzler, Jakob Wassermann, Bruno Walter oder den junge Vio-
linisten Yehudi Menuhin.

Der kosmopolitische Glanz hielt in St. Moritz bis zum
Ausbruch des Zweiten Weltkrieges an, täglich lud das Palace um
16 Uhr 30 zum Afternoon Tea, um 18 Uhr 30 zum Cocktail und um
22 Uhr 30 zum Dancing in der Bar, man tanzte zur Musik des
Hausorchesters René Dumont, und noch bis 1941 spielte im Palace
regelmäßig Teddy Stauffer, der gefeierte »King of Swing«, der wenige Jahre später das mexikanische Fischerdorf Acapulco popu-
lär machte. Besonders in den 1930er Jahren wurden die St. Moritzer Hotelhallen geradezu zum Knotenpunkt unterschiedlichster
Schicksalswege. So hielten sich – ein willkürliches Beispiel – in den
ersten Wochen des Jahres 1935 im Palace neben vielen anderen
Berühmtheiten auf: der Entertainer Eddie Cantor aus Hollywood,
Liane Haid aus Wien, einst Österreichs erster Stummfilmstar,
und die Nachwuchsschauspielerin Josette Day aus Paris, die
Prinzessinnen Aspasia und Alexandra von Griechenland, der
Weiße-Rössl-Komponist Ralph Benatzky und der Filmproduzent
Alexander Korda, der Bankier Philippe de Rothschild, der Filmstar
Douglas Fairbanks und Siegfried Trebitsch, der die Stücke George
Bernard Shaws »aus dem Englischen in eine ihm gleichfalls frem-
de Sprache übersetzte«[21] (so Karl Kraus), der amerikanische Base-
ballstar Babe Ruth und Philip Sassoon, einflussreicher Unter-
staatssekretär im London Luftfahrtministerium. Man beherbergte
Prinz René de Bourbon-Parme, einen Nachfahren von Cosimo II.,
Louis XIV. und Maria Theresia, den Hamburger Fabrikanten Julius

Asch, der sich 1939, von den Nationalsozialisten seines Vermögens beraubt, in der Elbe ertränken sollte, und den Herzog von Alba, den Franco 1937 zum Botschafter der spanischen Putschisten in London ernennen sollte. Die Gästeliste führte weiter auf den Komponisten-Enkel »Otto von Mendelssohn Bartholdy mit Bedienung, Berlin« – 1938 wurde der Hauptaktionär der I. G. Farben durch »Arisierung« aus dem Unternehmen gedrängt –, den »Tennis-baron« Gottfried von Cramm, den die Gestapo 1938 wegen seiner homosexuellen Affären verhaftete, und, ebenfalls aus Berlin, Baronin Maud Thyssen – noch im selben Jahr ließ sich Heinrich von Thyssen-Bornemisza de Kászon von ihr scheiden, als sie bei einem

Unfall im Rolls-Royce-Kabriolett ihres Geliebten Prinz Alexis Mdi-
vani im Pyjama durch die Windschutzscheibe geflogen und trotz
Rückgratbruchs mit dem Leben davongekommen war. Erich Maria
Remarque, Autor des Antikriegs-Bestsellers *Im Westen nichts Neues*,
tafelte im Palace an einem Tisch mit Prinz Eitel Friedrich von
Preußen, dem hochdekorierten Offizier des Ersten Weltkriegs, und
mit Hans Albers, der hierher seine jüdische Lebensgefährtin Hansi
Burg in Sicherheit gebracht hatte. Und selbstverständlich waren

nicht alle Prominenten im Palace abgestiegen.
Im Suvretta House logierten zur gleichen Zeit
der 1933 nach Basel emigrierte Kunstsammler
Robert von Hirsch und der von Hitler geschätzte Filmstar Luis Trenker, der jüdisch-russische
Pianist Vladimir Horowitz mit seiner Frau und
die deutsche Schauspielerin Marianne Hoppe
mit ihrer Mutter, die Engländer John Jacob Astor, Eigentümer der *Times*, und Rachel Bowes-
Lyon, Schwägerin der späteren Königin Elizabeth (die vor allem als »Queen Mum« im
Gedächtnis blieb), der polnische Sänger Jan
Kiepura und Paul von Schwabach, Exschwieger-
vater des nazifreundlichen Monte Verità-Besitzers Eduard von
der Heydt und Inhaber des Bankhauses S. Bleichröder, das 1938
»arisiert« und von der Dresdner Bank übernommen werden sollte – und viele mehr, ganz zu schweigen von den Gästen der drei
Dutzend weiterer Hotels in St. Moritz…

Als einziges Luxushotel blieb das Palace während des gesamten Zweiten Weltkrieges geöffnet, St. Moritz verödete. »In diesem
elenden Nest geht einem der Rest von Laune verloren. Aber ich

muss aushalten und das Maul halten, wie sich eben Eingeladene zu
benehmen haben. Das Essen ist fett
und reichlich – aber entschädigt
das für den Verlust des eigenen
Selbst? Kaum«[22], klagte der einst so
erfolgreiche, aus Deutschland emigrierte Dramatiker Georg Kaiser,
der in St. Moritz gestrandet war, als Exilant
abhängig von der Gunst und dem Geld seiner Schweizer Gönne-
rinnen. »So stehe ich am See und starre ins Wasser, das schwarz-
blau ist und von kühlen Winden überweht ...«[23] Mal meinte er
selbstbewusst: »Neulich saß ich hier mit Aga Khan auf einer Bank.
Die beiden reichsten Leute der Welt saßen so nebeneinander – nur
der Reichtum ist verschiedener Art. Aber ich war keinen Augenblick versucht, mit dem Khan zu tauschen. Trotz aller Nöte, die
mich plagen.«[24] Und kurz darauf bitter: »Ich muss sehr viel ins
Palace gehen – und da sitzt dann auch Herr Doktor Bührle und
verprasst den Gewinn aus seinen Oerlikoner Kanonen, die aus
deutschen Flugzeugen schießen.«[25]

Erst nach dem Krieg fuhren wieder vermehrt Literaten nach
St. Moritz. Der 75-jährige Thomas Mann verzehrte sich 1950 im
Suvretta House (»Geräumigkeit und Luxus. Hoher Preis freilich [...].«[26]) nach seinem geliebten Franz Westermeier, dem aus
den Augen verlorenen Kellner des Zürcher Grand Hôtels Dolder.
Er sinnierte in St. Moritz darüber, wie es wohl wäre, »mit ihm zu
schlafen«[27], verarbeitete seine Sehnsucht nach dem 19-Jährigen in
einem Aufsatz über die »sinnlich-übersinnliche Liebeskrankheit«
Michelangelos, das »erotisch aushaltende Alter, das unbezähmbare

Die amerikanische Gesellschaftsreporterin
Elsa Maxwell klammert sich auf dem
Soziussitz eines Leichtmotorrads an den
Fahrer Gunter Sachs, 1959.

Verfallensein an schöne Augen«[28] und bewunderte schon bald »die
himmlischen Beine«[29] eines jungen Argentiniers, der »in seinem
kurzen Höschen«[30] auf dem Tennisplatz des Hotels trainierte. Der
weit unkompliziertere Erich Kästner fuhr ab 1954 regelmäßig zum
Arbeiten nach St. Moritz, freute sich über Begegnungen (»Kurt von
Molo ist hier. Remarque. Und auch sonst allerlei, wie Karlheinz
Böhm samt Frau mit Knuppelnase.«[31]) und berichtete 1956: »Das
Palace ist ein großes Hotel mit Fremden aus aller Welt. Aus Indien
und Persien und England und Amerika und Südamerika. Das gibt
es allerlei zu sehen, und das macht ja großen Spaß. Ich habe vor,

dort oben ein paar Kapitel für mein Buch ›Als ich ein kleiner Junge war‹ zu schreiben, und das werde ich auch tun. Vor ein paar Tagen wurde ich mit dem 1. Kapitel fertig und las es noch am gleichen Nachmittag zu einer Weihnachtsfeier etwa fünfhundert Kindern vor.«[32]

Viele Kunst- und Geistesgrößen bevorzugten nun aber mehr denn je die geruhsameren Orte Pontresina, wo etwa Richard Strauss im Hotel Saratz die Ruhe zum Komponieren fand, und Sils Maria, das schon Nietzsche angezogen hatte und wo seit 1908 das Hotel Waldhaus Musiker, Dichter und Denker anzog; jetzt zählten Hermann Hesse und Theodor W. Adorno zu den Stammgästen. St. Moritz wurde zur spektakulären Jet-Set-Destination, berühmt für seine exklusiven Nachtclubs, und zum Domizil der Megareichen. Der Playboy Gunter Sachs bezog 1967 eine luxuriöse Suite im Turm des Palace, die er von Pop-Art-Künstlern wie Andy Warhol und Roy Lichtenstein einrichten ließ. Mohammad Reza Pahlavi, der Schah von Persien, erwarb 1969 die Villa Suvretta, bis dahin eine Dependance des Hotels; unweit davon besaßen Gianni Agnelli, Aristoteles Onassis, Stavros Niarchos und der Dirigent Herbert von Karajan Chalets. Die Grand Hôtels spielen zwar bis heute eine bedeutende Rolle, doch kommen ihre Gäste nicht mehr wochen- oder gar monatelang wie einst. Inzwischen beträgt die durchschnittliche Aufenthaltsdauer der rund 250 000 jährlichen St.-Moritz-Besucher im Sommer knapp drei Tage, im Winter gut fünf Tage. Noch immer aber wölbt sich der Himmel wolkenlos über dem tiefblauen See, noch immer prickelt die Bergluft, und unverändert gilt, was Kasimir Edschmid 1927 konstatierte: »St. Moritz ist unvergleichbar in der Vielfalt der Möglichkeiten, durch die eine grandiose Natur sich mit sportlichen und gesellschaftlichen Wünschen mischt.«[33]

ATTERSEE

Gegenwelt auf Zeit

Ignaz Brüll

Samuel Fischer

Emilie Flöge

Gustav Klimt

Gustav Mahler

Eleonora von Mendelssohn

Felix Salten

Charlotte Wolter

u. a.

SOMMERFRISCHE AM ATTERSEE

rühmorgens, meist um 6 Uhr, ein wenig früher, ein wenig später – steh ich auf – ist das Wetter schön, geh' ich in den nahen Wald – ich male dort einen kleinen Buchenwald (bei Sonne) mit einigen Nadelbäumen untermischt, das dauert bis 8 Uhr, dann wird gefrühstückt, darnach kommt ein Seebad, bei trübem Wetter eine Landschaft vom Fenster meines Zimmers – manchesmal unterbleibt dieses vormittägliche Malen, statt dessen studiere ich in meinen japanischen Büchern – im Freien. So wird's Mittag, nach dem Essen kommt ein kleines Schläfchen oder Lektüre – bis zur Jause – vor oder nach der Jause ein zweites Seebad, nicht regelmäßig aber meistens. Nach der Jause kommt wieder die Malerei, – eine große Pappel in der Dämmerung bei aufsteigendem Gewitter – hie und da kommt statt dieser Abendmalerei eine kleine Kegelpartie in einem benachbarten kleinen Orte – jedoch selten – es kommt die Dämmerung – das Nachtmahl – dann zeitlich zu Bette und wieder zeitlich morgens heraus aus den Federn. Ab und zu ist dieser Tageseinteilung noch ein kleines Rudern einge-

schaltet, um die Muskeln ein wenig aufzurütteln.«[1] So beschrieb Gustav Klimt, für den die Sommerfrische nicht nur Erholung, sondern auch Arbeit bedeutete, seinen Tagesablauf. Rund 50 farbensatte Landschaftsgemälde entstanden am Attersee, alle quadratisch, die eigenwilligen Bildausschnitte mit dem »Sucher« ausgewählt, einem aus Pappkarton herausgeschnittenen Fensterchen.

Erstmals hatte sich der Wiener Jugendstil-Maler dort an Ostern 1900 aufgehalten, im am Nordufer des Sees gelegenen Seewalchen. Eingeladen, in der Villa Paulick zu logieren – einer 1877 erbauten Gründerzeitvilla mit charakteristischem Holzgiebel, einem spitzen Eckturm, Erkern, Loggien und Veranden, im Inneren in prächtigster Neorenaissance ausgestattet –, hatte ihn der k. u. k. Hoftischlermeister Friedrich Paulick, der sich als Mäzen hervortat und großen Gefallen daran hatte, unterschiedlichste Künstler miteinander in Kontakt zu bringen. Paulicks Tochter Therese war mit Klimts Wiener Fechtpartner Paul Bacher verheiratet und ehelichte später Hermann Flöge, dessen Schwester Helene wiederum Klimts Schwägerin war. Mit einer weitere Schwester, Emilie Flöge, einer erfolgreichen Geschäftsfrau mit eigenem Modesalon in Wien, entwarf Gustav Klimt gemeinsam Hängekleider, porträtierte sie mehrmals und verewigte sich mit der vermutlich lesbischen Designerin in einer ästhetisierten Liebespose in seinem Gemälde *Der Kuss*, das zur Ikone des Wiener Fin de Siècle wurde. Die von Klimt liebevoll »Midi« oder »Miderl« Gerufene war der Lebensmensch des nie verheirateten Malers, der freilich zahlreiche Affären hatte,

drei legitimierte und angeblich noch elf weitere Kinder zeugte. Da Klimt Gefallen an der idyllischen Landschaft des Attergaus gefunden hatte, hatte er beschlossen, den Sommer dort zu verbringen, und sich im Brauhof im nahen Litzlberg eingemietet. Sechzehn Sommer lang floh Gustav Klimt aus Wien, das ihm »entsetzlich, scheußlich« schien, »alles verdorrt, heiß, greulich«[2], an den Attersee und fand dort Abgeschiedenheit und Eingebung: anfangs in Litzlberg, dann in Kammer am Nordostufer, wo Klimt die Villa Oleander samt Hausmeister, Bootshaus und Ruderboot mietete[3], schließlich 1914 und 1916 als Untermieter im etwas landeinwärts gelegenen Forsthaus von Weißenbach am südöstlichen Ufer des Sees. Gesellschaft nicht nur bei seinen langen Spaziergängen, bei ausgedehnten Ruderbootfahrten und dem geliebten Schwimmen im See – das übrigens als Freizeitbeschäftigung damals in der besseren Gesellschaft noch keineswegs akzeptiert war – leistete ihm die Seelengefährtin Emilie, die meist mitsamt Eltern, Geschwistern und deren Kindern anreiste. Der Anblick der beiden Bohemiens dürfte die Dorfbevölkerung indes irritiert haben: Emilie bevorzugte ohne Korsett getragene Reformkleider, weite, mit raffinierten Jugendstilmustern bedruckte Kaftane, der oft mürrisch wirkende Klimt trug für gewöhnlich einen bis zum Boden reichenden blauen Russenkittel – weswegen ihn die Kinder auch den »Waldschrat« nannten.

Dieser Waldschrat war natürlich weder der erste noch der letzte bedeutende Künstler, der am türkisblauen Attersee mit seinen bunten Bauerngärten Inspiration und Erholung suchte und diese Gegenwelt zur großstädtischen Existenz schätzte. Zwar galt das im Herzen des Salzkammergutes gelegene Ischl als bevorzugtes Sommerziel für Komponisten wie Anton Bruckner, Johann Strauß,

Oben: Gustav Klimt und Emilie Flöge
mit Freundinnen auf einem Spaziergang
am Attersee, 1907. **Mitte:** Gustav Klimt
am Attersee, 1910. **Unten:** Emilie Flöge
in einem Reformkleid, bei dem Be-
wegungsfreiheit und Bequemlichkeit
im Vordergrund standen, 1910.

Franz Lehár und Johannes Brahms, vor allem aber als traditionelle Destination des Adels, der pflichtgemäß die Nähe zum Kaiser suchte: Ischl war in den Jahren 1849 bis 1914 Sommerresidenz Franz Josephs I., der sich 1853 dort mit seiner »Sisi« verlobte, und galt als »Sommerhauptstadt« des k. u. k. Reiches. Einige wohlhabende Unternehmer, Bildungsbürger und Künstler, von denen viele dem akkulturierten, in Österreich-Ungarn seit 1867 formal gleichgestellten jüdischen Bürgertum angehörten, entdeckten jedoch in der zweiten Hälfte des 19. Jahrhunderts das etwas abseits gelegene »oberösterreichische Meer«, wie man den 20 Kilometer langen und bis zu vier Kilometer breiten Attersee auch nennt, für sich. Etwa zur selben Zeit, als 1869 die I. Concessionirte-Attersee-Dampfschiffahrtsgesellschaft gegründet und der Schraubendampfer Ida vom Stapel gelassen wurde, der schon im ersten Jahr 12 500 Passagiere beförderte, setzte ein regelrechter Attersee-Boom ein. Die Zahl stadtflüchtiger Sommergäste, die mit ihren Familien und zumeist auch mit Köchinnen, Chauffeuren und Dienstboten anreisten, stieg rasant. Natürlich eröffneten auch Beherbergungsbetriebe wie 1872 das Hôtel Kammer, »ein Hotel allervornehmsten Ranges«[4], das »mit seinen gastlichen Wohnräumen allsommerlich 300 ständige Gäste und Touristen«[5] beherbergte, und 1875 das Hotel Attersee im gleichnamigen Ort, doch viele Sommerfrischler zogen es vor, ganze Häuser zu mieten, zu erwerben oder sich Sommersitze nach ihren Vorstellungen erbauen zu lassen. So entstanden nicht nur im Örtchen Unterach

regelrechte Villenkolonien. Man errichtete Landhäuser im
»Schweizer Stil«, der sich durch laubsägeartige Schnitzereien aus-
zeichnenden rustikalsten Facette des vorherrschenden Historis-
mus, und die um 1900 besonders beliebten »Turmvillen«, aber
auch Kopien englischer Landsitze, protzige Villen im eklektizisti-
schen Stilmix aus Klassizismus, Neobarock und Jugendstil sowie
bescheiden anmutende Landhäuser; selbst Beispiele avantgardis-
tischer Architektur lassen sich finden.

Zahleiche prominente Künstler verkehrten auf dem Berghof,
einem Ensemble aus Bauernhäusern und der
1884/85 errichteten klassizistischen Villa Todesco
auf einem Hochplateau oberhalb von Unterach, das
1889 der Komponist und Pianist Ignaz Brüll, ältes-
ter Sohn einer wohlhabenden jüdischen Familie
aus Mähren, mit seinen beiden Schwagern erworben hatte. So war, von Ischl kommend, der mit Brüll
befreundete Johannes Brahms ein regelmäßiger
Gast und »an üppiger Tafel ein geistvoll üppiger, in
feingeschliffenen Reden meisterhafter Zechgenos-
se«[6], wie der Schriftsteller Felix Salten meinte. Der
Autor so unterschiedlicher Bestseller wie des durch

die Disney-Verfilmung bis heute populären Kinderbuchs *Bambi*
und des pornografischen Romans *Josefine Mutzenbacher. Die Geschichte einer Wienerischen Dirne. Von ihr selbst erzählt* (für den Salten
selbstredend nicht als Autor zeichnete) verbrachte von 1891 an
mehr als 30 Jahre lang den Sommer in Unterach. Zu Brüll kamen
der Komponist Karl Goldmark, der einflussreiche Musikkritiker
Eduard Hanslick, der Anthroposoph Rudolf Steiner – damals noch
als Hauslehrer in Wien tätig – und der Zionist Theodor Herzl. Der

Dirigent Felix von Weingartner, die weltweit gefeierte Sopranistin Lilli Lehmann und der Violinist Joseph Joachim, Freund von Johannes Brahms und Clara Schumann, waren auf dem Berghof ebenso zu Gast wie die Dichter Karl Schönherr, Richard Beer-Hofmann, Jakob Wassermann und Arthur Schnitzler. Auf Anregung seines Autors Felix Salten mietete in den Sommern 1910 bis 1912 der bedeutende Berliner Verleger Samuel Fischer von der Familie des 1907 verstorbenen Brüll eines der zum Berghof gehörenden geräumigen Landhäuser, »bewachsen mit wildem Wein. An grünen Spaliergittern rankten sich die Äste der Aprikosenbäume empor. Vor dem hölzernen Balkon, der um das erste Stockwerk herumlief und mit Jugendstil-Schnitzereien verziert war, hatte man einen herrlichen Blick auf den Attersee und auf die Berge ringsum. Neben der Eingangstür stand eine lange hölzerne Bank, und wenn man das Haus betrat, gelangte man über eine gescheuerte Holztreppe in eine gute alte Bauernstube mit anheimelnden, altmodischen Möbeln und einem behäbigen Kachelofen. Im Hof zwischen den Häusern sprudelte aus einem Brunnen das klare Gebirgswasser mit einem Gurgeln und Plätschern, das mich allabendlich in den Schlaf summte«[7], erinnerte sich Fischers Tochter an die ländliche Idylle. Dort empfing der Verleger etliche seiner Hausautoren, darunter Hugo von Hofmannsthal, der für ein paar Tage von Aussee herüberkam und seinem Verleger die ersten zwei Akte aus dem Libretto des *Rosenkavaliers* vorlas.

Auch wenn das am westlichen Südufer des Sees gelegene Unterach später einige Bühnenkünstler anzog, darunter Maria Jeritza, die Primadonna der Wiener Oper, die nach einem Besuch auf dem Berghof 1925 ein Anwesen erwarb und 1930 die Villa Eckstein, in der 1888 und 1890 Hugo Wolf komponiert hatte, abreißen und eine

24-Zimmer-Villa errichten ließ, so entwickelte sich
zunächst das östlich gegenüberliegende Weißenbach zum Treffpunkt der Wiener Theaterszene. Die
gebürtige Kölnerin Charlotte Wolter, gefeierte »tra-
gische Heldin« des Burgtheaters und berühmt für
ihren »Wolter-Schrei«, hatte – natürlich von Ischl
aus – den Ort 1872 erstmals besucht und 1885 gemeinsam mit ihrem Ehemann, dem Grafen Charles
O'Sullivan de Grass de Séovaud, zwei alte Bauern-
häuser erworben. Besonders erholsamen Schlaf
fand die von vielen hofierte »Königin des Burgtheaters« im Kuhstall, in den sie gelegentlich ihr Bett
stellen ließ, um die würzige Stallluft zu genießen;
im See fütterte sie ihre eigenen »Wolter-Schwäne«.
Sie beherbergte zahlreiche Gäste, darunter den
Schriftsteller Arthur Schnitzler, und manche erwar-
ben, angeregt durch die Wolter, selbst Grundbesitz
am Attersee. So kaufte 1895 der Lustspielautor Franz

von Schönthan – sein gemeinsam mit dem Bruder Paul verfasster
Schwank *Der Raub der Sabinerinnen* um den sächselnden Schmie-
rendirektor Striese wird auch heute noch oft gespielt – den Elisen-
hof für sich und seine siebenköpfige Familie. Über Jahrzehnte
verbrachte auch der am Burgtheater engagierte Stuttgarter Otto
Tressler die Sommerfrische in Weißenbach, 1902 wurde er zum
Hofschauspieler, 1932 zum Ehrenbürger von Wien und 1935 zum
Hofrat ernannt. Hochbetagt, verkörperte er in den populären *Sissi*-
Filmen den Feldmarschall Radetzky, und noch mit 90 Jahren
sprang er kopfüber von seinem Segelboot Halunke in den Attersee.
Seine Kollegin Hedwig Bleibtreu, die dem Ensemble der Wiener

Burg über 60 Jahre angehörte, zog 1893 nach Steinbach und ließ 1909 in der zur Gemeinde gehörenden Ortschaft Seefeld eine Sommervilla mit prachtvollem Ausblick errichten, die sie 1914 als Genesungsheim für verwundete k. u. k. Offiziere stiftete und die noch heute Offizieren des österreichischen Bundesheeres als Erholungsheim dient.

Der Name Seefeld ist aber vor allem untrennbar mit dem Gustav Mahlers verbunden. Der spätromantische Komponist kam erstmals 1893 dorthin und nahm gemeinsam mit seinen Geschwistern Justine, Emma und Otto sowie seiner Vertrauten Natalie Bauer-Lechner Quartier im Gasthof Zum Höllengebirge, »in dem fünf Räume (mit eigener Küche, eigenem Speisezimmer und großen Terrassen) zu mieten waren«[8]. Vormittags komponierte der damals als Dirigent in Hamburg Tätige, nachmittags unternahm man Spaziergänge oder Ausflüge auf dem Fahrrad. Die Berglandschaft brachte Mahler nicht nur die notwendige Entspannung zur Entfaltung seiner künstlerischen Kräfte, in ihr fand er auch künstlerische Inspiration. Stets führte er ein kleines Notenbuch mit sich, damit er Einfälle, die ihm in der Atmosphäre der Landschaft kamen, sogleich festhalten konnte. Dem befreundeten Dirigenten Bruno Walter soll er am Fuße des Höllengebirges erklärt haben: »Sie brauchen gar nicht mehr hinzusehen – das habe ich schon alles wegkomponiert.«[9]

Im Gasthof fand Mahler allerdings kaum die Ruhe, die er zum Komponieren benötigte, nicht nur die Touristen, die dort einkehrten, störten ihn, sondern »jedes kleinste Geräusch«[10]. Zum nächsten Sommer ließ er sich deshalb am äußersten Rand der dazugehörenden Wiese, direkt am Seeufer, ein Häuschen ganz nach seinen Vorstellungen errichten: einen einzigen Raum mit Fenstern nach drei Seiten, mit einem Ofen heizbar und spartanisch ausgestattet nur mit Tisch, Stuhl und selbstverständlich einem Stutzflügel – »ein idealer Aufenthalt für mich«[11], freute sich Mahler, der dort im Sommer 1894 seine 2. Symphonie in c-Moll, die *Auferstehungssymphonie*, vollendete. Auch Bruno Walter meinte: »So aufgeschlossen und ergiebig hatte ich Mahler noch nie gesehen wie hier in dieser ländlichen österreichischen Gegend mit Felsengebirge, Wald und weitem, grünem See.«[12] Dass Mahler in seinem »Arbeits-Sanktuarium, wo es ›bei Todesstrafe‹ verboten war, ihn aufzusuchen oder zu stören«[13], tatsächlich die absolute Stille fand, die zum Komponieren unerlässlich war, erforderte indes die tatkräftige Unterstützung seiner Vertrauten Natalie Bauer-Lechner: »Was sich rührte und den mindesten Laut von sich gab, ward weit und breit aus dem Umkreis des Häuschens verjagt. Um die zahlreichen Dorfkinder für ihn unschädlich zu machen, hatten wir ein ganzes System ausgesonnen, sie fern und still zu halten. Es war ihnen nicht nur verboten, einen Fuß auf Mahlers Wiese zu setzen oder am See,

Rechte Seite: Blick auf Gustav Mahlers Komponierhäuschen in Steinach am Attersee, 1920.

bezw. im See zu spielen und zu baden, sondern auch auf der Straße und in den Häusern durften sie sich nicht mucksen, was wir durch Bitten und Versprechungen, Naschwerk und Spielzeug erreichten. Kam ein Leiermann oder wandernde Musikanten, so stürzte man sogleich mit einem ›Abfindungszehnerl‹ auf sie los, dass sie mitten im Ton verstummten. Aber auch jedes Getier: Hunde, Katzen, Hühner und Gänse konnten ihres Lebens in unserer Nähe nicht froh werden; sie wurden vertrieben und eingesperrt oder, wollten sie gar keine Ruhe geben, gekauft und verzehrt, um ihre Stimmen aus der Welt zu schaffen. Ein förmlicher Krieg wurde mit den Raben geführt, die Mahlers Halbinsel umlagerten und umkreisten. Wir ließen (für einen Gulden Belohnung) ihre Nester abnehmen und forttragen. Ein erschossener Rabe aber hing zur Warnung und Abwehr für die krächzende Schar neben dem ›Schnützelputz-Häusel‹. Zu solchen Gewaltmaßregeln sah sich Mahler um seiner Ruhe willen getrieben, er, der keine Fliege und keinen Käfer unnötigerweise ums Leben bringen sehen kann und der ein Feind der Jagd als eines greulichen Barbarismus ist. Auf die andere Seite des Häuschens aber ward ein grässlicher Popanz hingestellt, bestehend aus einem Heubündel mit quer durchgezogenem Besenstiel als Leib und Arme und einem Kürbishaupt, mit einem Schwimmkleid Justis, einem Rock Emmas und einem Riesenhut von mir angetan, zum Schreck für Mensch und Tier. Und trotz dieser Vorkehrungen geschah es viele Male, dass Mahler mich ›so schnell als möglich‹ aus meinem Geigenhaus zitieren ließ: weil sich pfeifende Schnitter auf irgendeiner angrenzenden Wiese oder sing- und streitlustige Bauern im Gasthausgarten, für ihn vernehmlich und störend, eingestellt hatten. Und nun war es meiner ganzen Schlauheit und Überredungskunst anheimgegeben, den Ruhestörern begreiflich

zu machen, was wir von ihnen wollten, und sie durch Bier, Trink-
geld oder weiß Gott was sonst zum Schweigen zu bringen. Wollte
es gar nicht gelingen, so sagte ich ihnen, der Herr sei nicht recht
richtig im Kopf.«[14]

Der Sommer 1896 begann unglücklich, denn als Mahler am
12. Juni in Seefeld eintraf, war »das Klavier von Wien noch nicht
da, sodass Mahler wie ein des Fluges beraubter Aar mit gefesselten
Schwingen in seinem Häuschen saß«[15]. Auch ging die Arbeit nicht
so rasch von der Hand wie in den Sommern zuvor, in denen Mahler »wie von einem heiligen Wahnsinn besessen«[16] komponiert
hatte. Nun klagte er über einen Mangel an geistiger Frische, und
doch gelang es ihm, den Ersten Satz der *Dritten* abzuschließen und
damit die Symphonie zu vollenden, »froh und zufrieden mit der
Arbeit. [...] Ein wahres Wunder! Denn bis jetzt war er jedesmal
kreuzunglücklich an dem so lang ersehnten Endtag seines Werkes,
weil er nie davon befriedigt war. Und schwerer noch konnte er es
ertragen, eines so bedeutenden Lebensinhaltes beraubt zu sein, der
so lange sein täglicher, treuester Gefährte gewesen«[17], so Natalie
Bauer-Lechner. Tieftraurig musste Mahler indes zur Kenntnis

Eleonora von Mendelssohn.
Rechte Seite: Eines der 50 Gemälde Klimts, die,
alle im quadratischen Format, am Attersee entstanden. Es zeigt Schloss Kammer am Attersee,
1910. Zu sehen ist es heute in der Österreichischen Galerie Belvedere in Wien.

nehmen, dass die neuen Pächter, die den Gasthof übernommen hatten, ihm sein geliebtes Komponierhäuschen im kommenden Sommer nicht weiter vermieten wollten. Es fand eine profane Verwendung als Waschküche, später als Schlachthaus und wurde schließlich sogar zur Toilette für die Gäste eines Campingplatzes umfunktioniert, bis man es 1985 etwas versetzte, restaurierte und eine Gedenkstätte einrichtete. Mahler verließ Seefeld im Spätsommer 1896 für immer und fand bald darauf ein neues Refugium in Maiernigg am Wörthersee, wo er sich eine Villa samt neuem Komponierhäuschen erbauen ließ.

Suchte Mahler die Stille, so machte 30 Jahre später die schöne Eleonora von Mendelssohn, eine Nachfahrin des Philosophen Moses Mendelssohn, Verwandte des Komponisten Felix Mendelssohn Bartholdy und das Patenkind der »göttlichen« Eleonora Duse, das zwischen 1908 und 1912 von Gustav Klimt in mehreren Gemälden verewigte Schloss Kammer zu einem glanzvollen Mittelpunkt der internationalen Gesellschaft. 1925 hatte die mit dem Schweizer Pianisten Edwin Fischer verheiratete Eleonora von Mendelssohn das im 13. Jahrhundert erstmals erwähnte »Chamer« samt der dazugehörenden Landwirtschaft erworben, gemeinsam mit ihrem Geliebten, dem ungarischen Rittmeister Imre von Jeszenszky, der zwei Jahre später der zweite ihrer vier Ehemänner werden sollte. Zwar entdeckte die an das glamouröse Leben in den europäischen Metropolen gewöhnte, kapriziöse und zeitweise morphiumsüchtige Berliner Bankierstochter dort das Landleben für sich, lernte

Kühe zu melken und war so stolz darauf, dass sie ihre vornehmen Besucher am liebsten im Stall empfing. Ausschlaggebend für den Kauf war aber wohl weniger die Sehnsucht nach einer bäuerlichen Idylle gewesen, sondern, dass der von ihr vergötterte Theaterleiter Max Reinhardt, dessen Kind sie kurz zuvor abgetrieben hatte, seit 1918 in Schloss Leopoldskron bei Salzburg residierte. Auch wenn sie Max Reinhardt nicht besitzen konnte, nannte sie nun immerhin ebenfalls ein Schloss ihr Eigen. Die »Gegenburg«[18] taufte Reinhardts Lebensgefährtin Helene Thimig das Schloss ihrer Konkurrentin, in dem diese ebenso glanzvolle Feste gab wie Reinhardt, mit ebenso vielen Berühmtheiten zu Gast. Zumindest in den Sommermonaten befanden sich ohnehin zahlreiche Prominente in der Nähe, auch wegen der 1920 von Reinhardt mitbegründeten Salzburger Festspiele. Und so empfing Eleonora von Mendelssohn in ihrem »internationalen Kaffeehaus der Luxusklasse«[19], wie der Schriftsteller Albrecht Joseph Schloss Kammer nannte, die Operettendiva Fritzi Massary und ihren Mann, den Schauspieler Max

Pallenberg, die Dirigenten Wilhelm Furtwängler und Bruno Walter, den Geiger Adolf Busch, Schauspieler wie Werner Krauß (der
seit 1925 ein Sommerhaus am nahe gelegenen Mondsee bewohnte),
Rudolf Forster, Gustaf Gründgens und Elisabeth Bergner, die
Schriftsteller Hugo von Hofmannsthal, Richard Billinger, Bruno
Frank und Carl Zuckmayer, der sich in seinen Memoiren daran
erinnerte, man sei von Einladungen in Kammer nie vor der Mor-
gendämmerung nach Hause gekommen.[20] In den 1930er Jahren
logierte dann zunehmend auch die internationale Prominenz im
Schloss: der englische Bühnenautor Noël Coward, Mercedes de
Acosta – skandalumwittert durch ihre lesbischen Affären mit den
konkurrierenden Leinwandgöttinnen Greta Garbo und Marlene
Dietrich – und die zu Hollywood-Ruhm gekommene Dietrich
selbst, die in Salzburger Tracht gekleidet im eleganten Cadillac-
Coupé vorfuhr und so für Aufsehen bei der Dorfbevölkerung sorg-
te. Der italienische Dirigent Arturo Toscanini, in den sich die
Hausherrin Hals über Kopf verliebte und dessen von der Ehefrau
tolerierte Geliebte sie später wurde, war zweifellos beeindruckt
davon, dass die Schlossherrin spontan ein wertvolles Gemälde von
Francesco Guardi von der Wand nahm und ihm überreichte; un-
verzüglich schloss er es im Kofferraum seines Wagens ein, »damit
Eleonora es sich nicht noch anders überlegen kann«[21]. Es kamen
die englische Schauspielerin Iris Tree und ihre Jugendfreundin
Diana Manners, die Frau des Diplomaten Alfred Duff Cooper, der
Vogue-Photograph Horst P. Horst, der englische Dandy David
Herbert, den man später die »Königin von Tanger« nannte, und
viele mehr. Auf ihrer Hochzeitsreise besuchten 1937 der Herzog
von Windsor und seine frischangetraute Frau, vor Kurzem noch
Mrs Wallis Simpson, Schloss Kammer. Kurz darauf kam sein jün-

Auf ihrer Hochzeitsreise besuchten 1937 der Herzog von Windsor, ehemals König Edward VIII., und seine frischangetraute Frau, vor kurzem noch Mrs Wallis Simpson, Schloss Kammer.

gerer Bruder George, der Herzog von Kent, und war entzückt zu hören, dass sich Helen Hayes, die in einem Bühnenstück in London die Rolle der Queen Victoria gespielt hatte, in Kammer aufhielt. Er ließ die schon zu Bett gegangene Schauspielerin wecken, setzte sich mit einer Flasche Sekt auf ihre Bettkante und stieß mit seiner »Großmutter« an. Für den berühmten Fotografen Cecil Beaton war Kammer »a sort of Kindergarten for extraordinary grownups«[22], und die Geschwister Erika und Klaus Mann, die 1936 Kammer besuchten, berichteten nach Hause: »Es war ganz komisch, so viele Juden in einem herrlichen alten Barockschloss – alles ganz nett und fein.«[23] Höhepunkt des Aufenthalts waren für die meisten Gäste die von Fackeln erleuchteten Abendessen: In kleinen Booten wurden sie zu einem großen Floß in der Seemitte gerudert, auf dem man eine Tafel festlich mit edlem Porzellan und Silber eingedeckt hatte.

Von einer Barke aus untermalte ein Streichquartett das Diner, zu dessen Abschluss ein Feuerwerk erstrahlte.

Doch spätestens im Sommer 1937 spürten viele Gäste den »Geschmack der Vergänglichkeit auf der Zunge«[24], wie es Max Reinhardt formulierte, ahnte man doch, dass dieser Sommer der letzte am Attersee sein könnte. An einem der letzten glanzvollen Abende in Kammer spielte das Rosé-Quartett, das wohl bedeutendste Streichquartett jener Zeit, dessen Gründer und Prinzipal, der Violinist Arnold Rosé, ein Schwager Gustav Mahlers war. So schloss sich zum Kreis, was fast ein halbes Jahrhundert zuvor mit Mahlers erstem Aufenthalt begonnen hatte. Die Zeit der jüdischen Som-

merfrischler am Attersee war vo-
rüber. 1938 hetzte das *Salzburger Volksblatt*: »Im
Schloss Kammer am Attersee residierte durch viele Jahre eine
jüdische Schieber-Clique, die fleißigen Zugang aus der Aristokra-
tie, der Freimaurerschaft und dem ausländischen Judentum erhielt. [...] Es gab hier [...] wüste Gelage und allerlei ekelerregende
Vorfälle, die bei der Bevölkerung Unwillen hervorriefen. [...] Mit
der Enteignung des Schlosses hat die NSDAP eine Tat gesetzt, die
von der gesamten Bevölkerung mit Befriedigung aufgenommen
wurde.«[25] Während auf Betreiben der gesellschaftlich bestens ver-
netzten Eleonora von Mendelssohn der amerikanische Präsident
Roosevelt persönlich bei Reichsaußenminister Ribbentrop gegen
die Beschlagnahme des Schlosses intervenierte (und sich auf Ver-
anlassung von Raimund von Hofmannsthals Gattin Alice Astor,
die einen Schlossflügel gemietet hatte, wohl auch die britische
Politikerin Lady Nancy Astor engagierte), sodass das Schloss schon
nach kurzer Zeit wieder dem »arischen« Jeszenszky überlassen
wurde, wurden zahlreiche Landsitze und Villen rund um den Attersee enteignet.

1946 verschlug es den aus der Internierung in Norwegen
heimgekehrten und wegen seiner NS-Mitgliedschaft mit Berufs-
verbot belegten Schriftsteller Heimito von Doderer nach Weißenbach, wo er sein bekanntestes Werk, *Die Strudelhofstiege*, skizzierte.
Bereits seit 1938 besaß die Schauspielerin Käthe Dorsch eine Villa
in Schörfling, in der sie nach dem Krieg prominente Künstler
beherbergte, darunter den Dirigenten Karl Böhm und die
Sopranistin Elisabeth Schwarzkopf. An den See kamen überdies
Schauspieler wie Fred Liewehr, Raoul Aslan, der mit seinem Lebensgefährten Tonio Riedl jahrelang auf Schloss Neu-Litzlberg

Linke Seite: Blick über den Attersee auf das
Waldschlössl in Unterburgau.
Unten: Gustav Klimt mit Emilie und Helene Flöge
auf einem Bootssteg am Attersee, um 1910.

urlaubte (das der jüdische Bankier Eduard von Springer, ein Roth-
schild-Nachkomme, 1897 hatte errichten lassen), Heinz Conrads
und Johanna Matz. Zu den Autoren, die sich in den 1950er Jahren
regelmäßig am See aufhielten, zählen Ilse Aichinger und ihr Ehemann Günter Eich. Eine ganz besondere Rolle spielte am Attersee
aber seit jeher die Musik. Und so gab es von 1952 an in Schloss
Kammer – wo Imre von Jeszenszky bereits 1945 einen Liederabend
mit Elisabeth Schwarzkopf veranstaltete, die in der Villa Eichmann
in Litzlburg Zuflucht gefunden hatte, am Klavier begleitet von
Ernst von Dohnányi – regelmäßig Schlosskonzerte, bei denen Größen wie Enrico Mainardi, Alfred Brendel und Jörg Demus zu hören
waren.

Seit 1981 bringt der Attergauer Kultursommer internationalen
Glanz, 2002 wurde das Festival Attersee Klassik gegründet, an dem
Stars wie Thomas Hampson, Rudolf Buchbinder, Elīna Garanča
oder Sol Gabetta auftraten. Doch kamen viele Musiker nicht nur
zu Konzerten an den Attersee. Der Pianist Friedrich Gulda, einer
der besten Mozart- und Beethoven-Interpreten, verlegte seinen
Hauptwohnsitz 1975 nach Weißenbach, wo er bereits seit 1962
ein Haus sein Eigen nannte und im Jahr 2000 starb. Und auch
heute besitzen in der malerischen und natür-
lich nicht billigen Gegend um den Attersee
nicht nur Oligarchen wie Roman Abramo-
witsch und Industriellenfamilien wie die
Underbergs oder die Ferrero-Rocher-Erben
Domizile. Wie einst Gustav Mahler dient
der Attersee wieder Musikern wie Nikolaus
Harnoncourt, Heinrich Schiff und Franz
Welser-Möst als Sommerfrische.

CAPRI

Der Welt entrückt

Jacques d'Adelswärd-Fersen

Christian Wilhelm Allers

Luisa Casati

Friedrich Alfred Krupp

Axel Munthe

Rainer Maria Rilke

Meta von Salis-Marschlins

Joseph Victor von Scheffel

u. a.

DIE SONNENINSEL CAPRI

och immer evoziert der Name unweigerlich das Bild von Fischern, die, wenn »die rote Sonne im Meer versinkt und vom Himmel die bleiche Sichel des Mondes blinkt«[1], mit ihren Booten aufs Meer hinausziehen, wie es in einem 1943 von Rudi Schuricke aufgenommenen Schlager heißt, der nach dem Krieg zur Hymne des deutschen Wirtschaftswunders und zum Welterfolg wurde. Nach der Insel Capri benannte man die eng anliegende, dreiviertellange Damenhose, die die deutsche Modedesignerin Sonja de Lennart 1948 kreierte, so taufte man 1958 einen Motorroller und im Jahr darauf ein Fruchteis am Stiel. 1968 begann die Produktion eines Sportcoupés, das nach der italienischen Insel benannt war, und schon mehr als vier Jahrzehnte lang trinken Kinder »Capri-Sonne«.

Seit 1826 der Breslauer Historienmaler August Kopisch, der Dichter der populären Ballade *Die Heinzelmännchen zu Köln,* und der Heidelberger Landschaftsmaler Ernst Fries »nach den Angaben unseres Wirtes Giuseppe Pagano«[2] beim Schwimmen die durch

Linke Seite: Der Hafen von Capri.
Unten: Die 1826 von August Kopisch und
Ernst Fries wiederentdeckte Blaue Grotte.

türkis reflektierte Lichtstrahlen geradezu magisch leuchtende
Blaue Grotte wiederentdeckten und damit einen bis heute anhal-
tenden Touristenstrom auslösten, lieben insbesondere die Deutschen die kaum elf Quadratkilometer große Felseninsel im Golf
von Neapel; Anfang des 20. Jahrhunderts stellten sie die Hälfte der
rund 40 000 jährlichen Besucher. Zentrum von »Deutsch Capri«
war um die Jahrhundertwende das 1825 als Albergo Pagano gegrün-
dete Hotel, wo nach Kopisch und Fries unter anderem die Dichter
August von Platen, Schöpfer der *Fischer auf Capri*, Wilhelm Waib-
linger, Joseph Victor von Scheffel und Theodor Fontane logiert

hatten, in dessen Roman *Der Stechlin* die
Protagonistin Armgard meint: »Wir werden
nicht bei Pagano wohnen, wo, bei allem Re-
spekt vor der Kunst, zuviel Künstler sind,
sondern weiter abwärts, etwa auf halber
Höhe.«[3] »Kopf an Kopf standen und saßen
unsere Landsleute in den Gesellschafts-
zimmern herum und erfüllten das Haus mit
jener Lebendigkeit, die an deutsche Aus-
flugsorte erinnert«[4], klagte auch Gerhart
Hauptmann, der 1883 im Pagano abstieg. Be-

liebtester Teutonentreff aber war »Zum Kater Hiddigeigei, bei der
Piazza, abends Sammelpunkt der Deutschen, gut und nicht teuer,
im Winter Bier vom Fass, deutsche Zeitungen, Billard, der Besitzer
Morgano verkauft auch Kolonial- u. Modewaren, Bücher«[5], so
der *Baedeker* 1911. Gelegen war das im Stil eines bayerischen Wirts-
hauses eingerichtete Lokal an der Hauptstraße Capris, die heute
Via Vittorio Emanuele heißt, von 1894 bis 1918 aber zu Ehren Kaiser Wilhelms II. den Namen Via Hohenzollern trug. Benannt

war es mit dem für die Capresen zungenbrecherischen Namen einer Figur aus der Einleitung zu Scheffels Versepos *Der Trompeter von Säckingen*. Der Dichter hatte den späteren Bestseller vollendet, »indem er auf dem flachen Dache der Herberge Paganos ›unbarmherzig dichtend‹ auf und nieder schritt, mitten unter allem südlichen Zauber von Land und Meer ein Schwarzwaldlied voll von deutscher Minne und Humor«[6], wie sein Kollege Paul Heyse berichtete, der spätere Autor der Novelle *Hochzeit auf Capri* und Literaturnobelpreisträger, der ebenfalls im Pagano abgestiegen war. Die deutsche »Enklave« im Süden war das mediterrane Sehnsuchtsziel des deutschen Adels, der Maler und Dichter und – ganz im Gegensatz zu heute – noch in den 1920er Jahren eine relativ preiswerte Destination der deutschen Boheme. Nach dem Zweiten Weltkrieg wurde Capri, lange vor dem Boom der Baleareninsel Mallorca, zum kollektiven Kleinbürgertraum von Sonne, Meer und Palmen. Und doch ahnte damals wohl kaum ein Krupp-Arbeiter, was der Essener Stahlmagnat Friedrich Alfred Krupp, 1902 zum

Linke Seite: »Bei der Piazza, abends Sammelpunkt der Deutschen, gut und nicht teuer, im Winter Bier vom Fass, deutsche Zeitungen, Billard, der Besitzer Morgano verkauft auch Kolonial- u. Modewaren, Bücher«: das Lokal *Zum Kater Hiddigeigei*. Unten: Straßenszene auf Capri, um 1892.

Ehrenbürger Capris ernannt, dort um die Jahrhundertwende gesucht hatte.

Es war nicht nur seine Passion für die maritime Tiefseefauna, die den »Kanonenkönig« seit 1889, als er Capri auf der Rückkehr von einer Ägyptenreise erstmals besucht hatte, immer wieder auf die Sehnsuchtsinsel zog, obschon ihm im Lauf der Jahre auf den Expeditionen seiner Forschungsschiffe Maja und Puritan die Entdeckung 27 neuer Arten mariner Kleinlebewesen im Golf von Neapel gelang. 1898 kam Krupp während einer großen Mittelmeerfahrt auf seiner Yacht Christabel ein zweites Mal nach Capri, zusammen mit seiner Frau und den beiden Töchtern, ihren Gouvernanten, seinem Sekretär und weiterem Personal; von 1899 bis 1902 verbrachte er die Wintermonate auf der Insel. Der temporäre Rückzug bedeutete für Krupp nicht nur Erholung von der Welt des Stahls und die Hoffnung auf Heilung – er litt an Asthma, Kreislaufstörungen und Depressionen und stieg denn stets

auch in einer Suite des Luxushotels Quisisana ab, dessen Name bedeutet: »Hier wird man gesund«. Die Insel war zu jener Zeit ein Fluchtpunkt Homosexueller, die in Italien anders als im Deutschen Kaiserreich, wo Paragraf 175 für »Unzucht zwischen Personen männlichen Geschlechts« Gefängnisstrafen vorsah, das Strafgesetz nicht zu befürchten hatten. Schon bei seinem ersten Besuch hatte sich Friedrich Alfred Krupp mit dem Bauernjungen Giovanni Sangiorgio angefreundet, den er noch im selben Jahr nach Essen in seine pompöse Villa Hügel einlud und später für Anstellungen im Berliner Hotel Bristol und im Londoner Savoy empfahl. Wie

Unten: Die Villa Krupp auf Capri,
erbaut im Jahr 1900.
Rechte Seite: Eine Statue des römischen
Kaisers Tiberius, der sein Imperium elf
Jahre lang von Capri aus regierte, thront
auch heute noch über der Insel.

weit Krupps Affinität zu jungen Männern tatsächlich auch ging, der Inselklatsch wusste von wahren Orgien mit jugendlichen Liebhabern zu berichten, die sich in der Grotta di Fra' Felice abspielten, eine nach dem früher dort lebenden Einsiedler »Bruder Glücklich« benannte Höhle mit atemberaubendem Blick auf das 100 Meter tiefer gelegene Meer. Krupp hatte sie im Winter 1901/02

im Stil einer mittelalterlichen Einsiedelei einrichten lassen und gab dort Feste für seinen Freundeskreis Congrega di Fra' Felice. Eine Tafel mit der Aufschrift »Parva domus – magna quies« (»Klein ist das Haus und groß die Ruhe«) begrüßte die Gäste, die beim Eintritt ihre bürgerlich-formelle Kleidung gegen weiße Mönchskutten tauschten. Am 15. Oktober 1902 erschien in der neapolitanischen Zeitung La Propaganda ein Artikel mit dem Titel »Capri-Sodoma« über einen »sexuell degenerierten Reichen«, unter dessen Schutz ein Zirkel »von sexuell Degenerierten« entstanden sei.[7] Fünf Tage darauf ließ die Zeitung dann den Namen des freigiebigen Großindustriellen fallen, dem die Insel unter anderem den millionenteuren Bau der »Via Krupp« von den Giardini di Augusto hinunter zur Marina Piccola verdankt, einer in den fast senkrecht zum Meer abstürzenden Kalkfelsen des Monte Castiglione gehauenen kunstvollen Serpentinenstraße, von der aus man auch zur Grotta di Fra' Felice gelangt: »Die berühmte Straße, die er Capri geschenkt hat, führt zu bizarren Grotten und Villen, in denen sich zahlreiche junge Männer prostituieren«[8], kolportierte das sozialistische Blatt. In Deutschland attackierte am 15. November der sozialdemokratische Vorwärts den persönli-

chen Freund Kaiser Wilhelms II.: »Herr Krupp hatte sich nicht Capri gewählt, um die Insel mit Straßen zu beglücken, sondern weil das italienische Strafgesetzbuch keinen besonderen Paragraphen 175 kennt.«[9] Der Vorwurf zog weite Kreise, und sieben Tage nach der Veröffentlichung starb Krupp in Essen – offiziell an einem Hirnschlag, was freilich kaum jemand glauben wollte.

Dass sich der »Krupp-Skandal« seither mit dem Namen Capris verbindet, ist freilich nicht der einzige Grund, warum man 1987 die *Zeitschrift für schwule Geschichte* nach der Insel betitelte. Schon vor 2000 Jahren soll sich der römische Kaiser Tiberius, der sein Imperium elf Jahre lang von Capri aus regierte, dort im Thermalbecken mit seinen »Fischlein«, wie er die Jungen nannte, vergnügt haben – noch heute kann man auf der steilen Ostspitze der Insel die Ruinen der Villa Jovis, der prachtvollsten seiner angeblich zwölf Villen auf Capri, besichtigen. Auch August Graf von Platen, dessen Homosexualität Heinrich Heine 1827 in einer der heftigsten Kontroversen der deutschen Literaturgeschichte öffentlich gemacht hatte – Platen sei »mehr ein Mann von Steiß als ein Mann von Kopf, der Name Mann passt überhaupt nicht für ihn«[10], schrieb Heine unter anderem –, schätzte »des felsenumgürteten Eilands schroffes Gestad«[11]; nur 39-jährig, starb er alkoholkrank im sizilianischen Syrakus. Oscar Wilde weilte 1897 zwar nur drei Tage auf Capri, nachdem er eine zweijährige Haftstrafe wegen seiner homosexuellen Beziehung zu Lord Alfred Douglas verbüßt hatte. Andere aber blieben über Jahre, so der als Bismarck-Porträtist bekannte Hamburger Maler Christian Wilhelm Allers, der sich

1893 den dreistöckigen Palazzo Nuovo, die heutige Villa Tragara, erbauen ließ, in der er deutsche Geistesgrößen, Vertreter des Großbürgertums und des Adels empfing, darunter den Bühnenautor Ludwig Fulda, den Heimatschriftsteller Ludwig Ganghofer, den Komponisten Engelbert Humperdinck und Prinz Friedrich Heinrich von Preußen, einen homosexuellen Vetter Wilhelms II. Christian Wilhelm Allers animierte seine Gäste gerne zum Kegelspiel, tischte ihnen Ravioli ebenso wie Rollmöpse auf und kredenzte zu Kaisers Geburtstag alljährlich Aalsuppe und Rote Grütze. 1903 konnte sich Allers, dem die einheimischen Fischerjungen offenbar nicht nur Modell standen, einer Verurteilung wegen Pädophilie – die auch in Italien strafbar war – durch die nächtliche Flucht mit dem Ruderboot entziehen; in Abwesenheit wurde er zu mehreren Jahren Gefängnis verurteilt. Der für seine transvestitischen Praktiken berüchtigte Erzherzog Ludwig Victor, vulgo »Luzi-Wuzi«, der skandalumwitterte jüngere Bruder des österreichischen Kaisers Franz Joseph, war ebenso gerne zu Gast auf Capri wie der Militärkommandant von Berlin, Graf Kuno von Moltke, der Geliebte des preußischen Diplomaten Philipp zu Eulenburg; beide wurden 1906 in den Sexualskandal im Umkreis Wilhelms II. verwickelt – die »unaussprechliche« Homosexualität wurde damals international »das deutsche Laster« genannt.

Einer der bis heute bekanntesten jener Schwulen, die Capri zu ihrem Refugium erkoren, dürfte aber der französische Dichter und Exzentriker Jacques d'Adelswärd-Fersen sein. 1880 in eine väterlicherseits aus Schweden, mütterlicherseits aus dem Elsass stammende Familie geboren, war er 1903 in Paris, wo er »tableaux vivants« mit Knaben und jungen Männern inszeniert hatte, zu einer sechsmonatigen Gefängnisstrafe wegen Verleitung von Min-

derjährigen zu unzüchtigen Handlungen verurteilt worden. Erst
hatte er vergeblich versucht, sich zu erschießen, dann, Aufnahme
in die Fremdenlegion zu finden, und war letztendlich 1904 nach
Capri emigriert, zusammen mit seinem »Sekretär«, dem fünfzehn-
jährigen Bauarbeiter und Zeitungsjungen Nino Cesarini, den er in

Rom aufgelesen hatte. An einer romantisch entlegenen Stelle im äußersten Nordosten der Insel, eine
halbe Stunde Fußweg von der Piazzetta entfernt, ließ
sich d'Adelswärd-Fersen die Fin-de-Siècle-Villa Lysis
erbauen und über deren Eingang die kitschige Wid-
mung »Amori et dolori sacrum« anbringen: »Heilige
Stätte der Liebe und des Schmerzes«. In den mosaik-
verzierten Räumen feierte er rauschende und durch
den Verzehr von Opium auch berauschende Feste, zu
deren Gästen der deutsch-schottische, bis heute
durch seinen 1917 erschienenen satirischen Capri-
Roman *Südwind* bekannte Schriftsteller Norman
Douglas gehörte, der die päderastischen Neigungen
seines Gastgebers teilte. Dieser setzte 1923, in einen
Sarong gehüllt, seinem Leben mit einer in Champa-
gner aufgelösten Überdosis Kokain ein Ende. Die
Villa Lysis – Bruce Chatwin nannte sie 1984 eine »De-
monstration der Selbstverliebtheit«[12] – vermachte der

Dandy seinem Lebensgefährten Nino Cesarini. Diesen hatten in
d'Adelswärds Auftrag die Maler Umberto Brunelleschi und Paul
Hoecker, der 1897 in München in einen Skandal geraten war, weil
ihm ein Strichjunge als Modell für ein Madonnenbild gedient haben soll, und nach Capri emigriert war, ebenso verewigt wie Wilhelm Plüschow. Der Aktfotograf, von vielen »le plus chaud« ge-

Maxim Gorki, 1906 bis 1913 auf der Insel
ansässig, und Wladimir Iljitsch Lenin
spielen Schach, 1908.

nannt, war beinahe ebenso bekannt wie sein Cousin Wilhelm von
Gloeden mit seinen antikisierenden Aufnahmen nackter sizilianischer Knaben.

Freilich besuchten bei Weitem nicht nur Homosexuelle die
Insel, und nicht nur Allers und d'Adelswärd bewohnten eigene
Villen, die in die Kulturgeschichte eingingen. Emil von Behring etwa, 1901 für die
Entdeckung des Diphtherie-Serums mit
dem Nobelpreis ausgezeichnet, konnte
1897 mit Geld, das er im Casino von Monte
Carlo gewonnen hatte, die Villa Ercolano
erwerben, in der sich 1908 der russische
Schriftsteller Maxim Gorki, 1906 bis 1913
auf der Insel ansässig, und der Bolschewist
Wladimir Iljitsch Lenin trafen. Die aus
einer alten Schweizer Adelsfamilie stammende Autorin Meta von Salis-Marschlins
bezog 1904 gemeinsam mit ihrer Lebenspartnerin Hedwig Kym die Villa
Helios. Die »Zauberinsel« Capri wurde für
die engagierte Feministin zur »Adoptivheimat«: »Mein erster Blick am Morgen im
Gärtchen galt dem Meere, das durch Olivensträucher heraufblickte. Ein Südlandsmeer ohne Oliven sagt mir wenig, weil ich mich
gewöhnt habe, den Farbenton, den sie ins Bild bringen, damit zu
identifizieren. In Süditalien verfügt die Natur verschwenderisch
über alle Tinten von Grau. Wie die Oliven, so sind Wermut, Rosmarin, Disteln und selbst Winden und Klee mit grünlich grauem
Blattwerk und silberigen Flimmerhaaren begabt. Dieser Ton ge-

hört recht eigentlich zu dem starken Blau von Meer und Himmel, dem strahlenden Licht und dem ausgesprochenen Bronzerot des Gesteins.«[13] Die maurisch anmutende, elegante Villa Discopoli der Alice Irmgard Faehndrich, einer geborenen Freiin Nordeck zur Rabenau, wurde zum Treffpunkt des deutschen Adels auf Capri, den dort im Winter 1906/07 Rainer Maria Rilke mit seinen Lesungen unterhielt. »Diese entlegenen Wege da oben in Anacapri, diese Ausblicke auf das uralte, griechische Meer, dieses Alleinsein bei der kleinen verschlossenen Kirche und in den breiten Berghalden, die an einer Stelle etwas wie ein Amphitheater einschließen, an dessen offener Seite der Vesuv hereinsieht, um den, ein wenig zurückhaltend, zu beiden Seiten Schneeberge dastehen –: alles das hab ich oft wieder aufgesucht in den vergangenen Wochen [...] Und so viel Grund ich auch hätte, mich zum Schreibpult zu zwingen, so geh ich doch immer wieder mit, wenn der Morgen plötzlich irgendwo draußen ruft, sodass man meint, dort irgendwo müsste noch ein anderer sein, ein ganz großer Morgen, der Möwen und der Inselvögel, der Morgen der Abhänge und der unerreichbaren Blumen, jener immer gleiche ewige Morgen, der noch nicht mit Menschen rechnen muss, die ihn, aus ihrer Vorfrühstücksstimmung heraus, zweideutig, misstrauisch und kritisierend anblinzeln«[14], schrieb Rilke, der sechs Monate lang im Rosenhäusel, dem Gästehaus der Villa Discopoli, lebte, am 25. Februar 1907 seiner Frau Clara. Mit ihr kehrte er im Frühjahr 1908 nach Capri zurück, und obschon sich der sensible Dichter über die zahlreichen Touristen echauffierte – »Diese Ausflügler, endlos ihr Strom und ewig lärmend!«[15], klagte er –, schuf er insgesamt 36 Capri-Gedichte.

Rainer Maria Rilke, der insgesamt 36 Capri-Gedichte auf der Insel schuf. Rechte Seite: Der Münchener Maler Karl Wilhelm Diefenbach, ein Vorkämpfer der Lebensreformbewegung, Nacktkulturanhänger und Vegetarier, der von 1900 bis zu seinem Tod 1913 auf Capri lebte, mit seinen Kindern Helios, Stella und Lucidus.

Rilke begegnete auf Capri unter anderem Maxim Gorki und dem als »Kohlrabi-Apostel« bekannten Münchener Maler Karl Wilhelm Diefenbach, einem Vorkämpfer der Lebensreformbewegung, Nacktkulturanhänger und Vegetarier, der von 1900 bis zu seinem Tod 1913 auf Capri lebte und dort barfuß und in Mönchskutte die Liebe zur Natur predigte. Besonders befreundete sich Rilke aber mit Alice Faehndrichs Nichte Gudrun, der Ehefrau des bedeutenden Zoologen und Schöpfers der Umweltforschung Jakob Johann Baron von Uexküll. Sie übertrug 1930 Axel Munthes autobiografisches *Buch von San Michele* ins Deutsche.

Der schwedische Arzt, Schriftsteller, Kunstförderer, Vogelliebhaber und Philanthrop, dessen Leben 1962 unter dem Titel *Axel Munthe – Der Arzt von San Michele* mit O. W. Fischer verfilmt wurde, lebte 56 Jahre lang auf Capri. Zu den Besuchern seiner Villa in Anacapri, dem zweiten, höher gelegenen Ort im Westen der Insel, zählte neben Oscar Wilde, Rainer Maria Rilke und dem amerikanischen Schriftsteller Henry James auch die für ihre Extravaganzen bekannte Luisa Casati, die wohl berühmteste Society-Lady des frühen 20. Jahrhunderts. Sie bat Axel Munthe 1919, ihr seine Villa mietweise zu überlassen, er sagte zu, widerrief, dennoch reiste sie an »und ließ sich einstweilen mit ihrem Gepäck, ihren Tieren und ihren Leuten auf der Piazzetta nieder. Obwohl die Capresen taten, als wunderten sie sich über nichts, hatten sie ein solches Schauspiel noch nicht erlebt. Die Marchesa, groß und hager, trug einen spitzen Astrologenhut, von dem Schleier niederfielen, die sie umwallten. Ihr Gesicht war kalkweiß gepudert wie bei einem Pierrot, ihre Augen waren von großen schwarzen Ringen umgeben, die Haare rot. An den Ohren baumelten Glöckchen […]. Ihre Schminke tropfte auf die staubigen Schuhe […]. Eine Dienerin trug einen schmiedeeisernen Zweig mit zinnoberrot bemalten Granatäpfeln und einem Etikett, das besagtc, dass dics cin Geschenk Gabriele d'Annunzios sei. Ein Neger hielt zwei malvenfarben gepuderte Windspiele und einen Leoparden an der Leine; ein Heiduck bewachte Käfige, die eine Boa, Papageien und eine Eule enthielten. Unzählige Koffer und Köfferchen waren auf mehrere Carrozzellen verteilt. Nach langen Verhandlungen kapitulierte Dr. Munthe, und eine Prozession, als hielte die Königin von Saba ihren Einzug, setzte sich nach San Michele in Bewegung. […] Sobald sie die Einrich-

tung von San Michele nach ihrem Geschmack geändert hatte, gab sie einen Empfang […]. Sie selbst erschien ganz in Schwarz, mit schwarzen Perlen und Jettschmuck behängt. Ihre Haare, die man bald rot, bald grün gesehen hatte, waren ebenfalls schwarz. Nur der Neger war nicht mehr schwarz: Sie hatte ihn vom Scheitel bis zur Sohle vergoldet. Plötzlich schwankte er und brach zusammen […]. Glücklicherweise war Dr. Munthe zugegen, um ihm das Gold von der Haut zu kratzen und ihn vor dem Ersticken zu retten.«[16] Bei Besuchen ihres Liebhabers soll sie eine Fackel auf ihrem Balkon entfacht haben, um dem Freund Jacques d'Adelswärd-Fersen auf der anderen Seite des Tals den vollzogenen Verkehr zu signalisieren, der in seiner Villa Lysis gleichfalls ein Licht entzündete.

Oben: Der Schriftsteller Alberto Moravia
und seine Frau Elsa Morante besuchten
Capri in den 1950er Jahren.
Mitte: Die für ihre Extravaganzen bekannte Luisa Casati, eine durch Heirat
zur Marchesa di Roma aufgestiegene
reiche Textilerbin, die bis heute
die Haute Couture inspiriert.
Unten: Jacques d'Adelswärd-Fersen.

Wohl kein anderer Ort hat über mehr als 200 Jahre so viele Aussteiger und Exzentriker, Künstler, Dichter und Denker angezogen wie Capri. Für Iwan Turgenjew, der 1871 zu Besuch kam, war »diese Insel verzaubert [...], ein Tempel der Göttin Natur, die Inkarnation der Schönheit«[17]. Man begeisterte sich für die Reize der Landschaft und die enge Altstadt mit ihren weiß getünchten Häusern ebenso wie für die als ursprünglich empfundenen Capresen. Eine besondere Attraktion war natürlich die 54 Meter lange, 30 Meter breite und bis zu 22 Meter hohe Grotta Azzurra im Nordwesten der Insel. Auch Hans Christian Andersen ließ sich 1834 in die Blaue Grotte rudern: »Was war das doch für eine Feenwelt! [...] Alles Wasser hier sah wie brennender Spiritus aus; wenn man daraufschlug, war es funkelndes Silber, und die gegen das Licht sprühenden Wassertropfen glichen roten Rosenblättern. – Alles leuchtete himmelblau; das Boot, die Ruder, selbst die Menschen waren in verschiedene Variationen von Blau getaucht. Es war, als segelten wir im Äther.«[18] Ganz ähnlich schwärmte 1869 Mark Twain: »Das Wasser dieses ruhigen unterirdischen Sees ist vom strahlendsten, lieblichsten Blau, das man sich vorstellen kann. Es ist so durchsichtig wie Spiegelglas, und seine Farbe würde den leuchtendsten Himmel beschämen, der sich je über Italien wölbte. Kein Farbton könnte hinreißender sein, kein Glanz herrlicher. Wirft man einen Stein ins Wasser, so lassen die Myriaden winziger Bläschen, die sich bilden, ein strahlend helles Licht auflodern wie ein blaues Bühnenfeuer. Taucht man ein Ruder ein, wird sein Blatt zu prächtigem Rauhsilber mit einem blauen Schimmer. Wenn ein Mann hineinspringt, ist er sofort in eine prachtvolle Rüstung eingeschlossen, als sie je ein königlicher Kreuzritter trug.«[19]

Im 20. Jahrhundert kamen neben vielen anderen der skandalumwitterte Düsseldorfer Autor Hanns Heinz Ewers und F. Scott Fitzgerald, der Autor des *Großen Gatsby*, zudem der polyglotte Harry Graf Kessler, die Schriftsteller Ingeborg Bachmann, Walter Benjamin, Bertolt Brecht – der Capri 1924 allerdings als »eine verfluchte blaue Limonade«[20] beschimpfte –, Theodor Däubler, Emil Ludwig, Curzio Malaparte, Alberto Moravia, Pablo Neruda, Roger Peyrefitte und Franz Werfel mit seiner Gattin Alma Mahler-Werfel. Den späteren Autor von *Lady Chatterley's Liebhaber* D. H. Lawrence, im Winter 1919/20 und abermals 1925 mit seiner Frau Frieda von Richthofen zu Besuch, verband eine Hassliebe mit der Insel. Zwar genoss er die atemberaubenden Panoramen, doch »Capri selbst ist ein klatschsüchtiger, mit Villen verbauter, zweihöckriger Kalksteinklotz, ein Mikrokosmos, der dem Himmel viel Ehre macht, aber der Menschheit überhaupt keine«[21]. Der Schriftsteller Filippo Tommaso Marinetti, der Begründer des Futurismus, machte Capri zum Zentrum dieser Kunstbewegung. In der ersten Hälfte der 1920er Jahre veranstaltete er im Theatersaal des Hotels Quisisana mehrere aufsehenerregende Futuristenabende, an denen auch der taubstumme deutsche Grotesktänzer Julius Hans Spiegel auftrat, bekannt vor allem durch seinen Tanz *Liebe auf Bali*, den er mit einer Doppelmaske als Jüngling und Frau darbot. Spiegel übersiedelte 1934, in Deutschland inzwischen wegen seiner jüdischen Herkunft ebenso unerwünscht wie aufgrund seiner Homosexualität, nach Capri und avancierte in den 1960er Jahren, bekleidet mit roter Zipfelmütze, roter Weste und blauen Schuhen, zum menschlichen Wahrzeichen der Insel und beliebten Postkartenmotiv.[22] Marguerite Yourcenar schrieb 1938 in ihrem Haus in der Via Matermania Nr. 4, in dem sie mit ihrer Lebensgefährtin Grace Frick wohnte, den Roman *Der Fangschuss*. Graham Greene kaufte 1948 die Villa Il Rosaio an der Via Ceselle in Anacapri, in der er mehr als vier Jahrzehnte lang an Bestsellern wie *Der stille Amerikaner* und *Unser Mann in Havanna* arbeitete: Auf Capri, so erklärte er, gelinge ihm in vier Wochen, wozu er anderswo ein halbes Jahr benötige. Simone de Beauvoir schrieb 1957 untertags an ihren *Memoiren einer Tochter aus gutem Hause* und dinierte abends mit Jean-Paul Sartre auf der Terrasse des Hotels La Palma, wie das Pagano inzwischen hieß.

Bis heute zeigen sich Dichter, Maler und Musiker von der Insel fasziniert. So schwärmte der Büchner-Preisträger Arnold Stadler: »Sonst im Leben nennt man es Kitsch, dieses Capriglück in den höchsten Blau-Tönen. Wäre es Kitsch. Aber bei Capri ist es Capri. Und wenn Nietzsche, der ja in Venedig ein anderes Wort für Musik entdeckte, vielleicht über ein anderes Wort für Kitsch nachgedacht hätte, wäre er vielleicht auf Capri gekommen. Vielleicht der einzige Ort auf der Welt, an dem Kitsch ungestraft möglich ist. Vielleicht auch nur für die Deutschen und Capri: noch ein Beispiel einer merkwürdigen Liebe. Und zweifellos ist dies ein nur auf Capri immer noch mögliches höchstes Glück für alle, die in so etwas schwimmen wollen: nach 18 Uhr, nachdem die Tagesausflügler verschwunden sind, in die Blaue Grotte hineinschwimmen, ins Blau, ja, am besten zu zweit. Um bald darauf eine SMS zu bekommen: I will wait for you all my life, and today for your call at 6.30 p.m.«[23]

Ascona

Adressen

Unverzichtbar ist die Ausstellung zur Geschichte des Monte Verità in der Casa Anatta sowie ein Spaziergang zu den übrigen historischen Gebäuden. Empfehlenswert sind die samstäglichen Führungen mit Hetty Rogantini De Beauclair. Sie kam 1928 als Tochter von Alessandro Guglielmo De Beauclair, dem ersten Sekretär Henri Oedenkovens, des Mitbegründers der vegetarischen Kolonie, auf dem Monte Verità zur Welt.
April bis Oktober, Reservierung: +41 91 785 40 40
www.monteverita.org

Das Museo Comunale d'Arte Moderna besitzt bedeutende Bilder von Marianne von Werefkin, Alexej von Jawlensky, Richard Seewald, Arthur Segal und anderen, die allerdings nicht selten Sonderausstellungen weichen müssen.
Museo Comunale d'Arte Moderna Ascona
Via Borgo 34
CH-6612 Ascona
+41 91 759 81 40
www.museoascona.ch

An historischem Ort logiert man in dem 1928 im Auftrag Eduard von der Heydts errichteten
Hotel Albergo Monte Verità
Via Collina 84

CH-6612 Ascona
+41 91 785 40 40
www.monteverita.org

Durch sein historisches Ambiente besticht das einst auch von deutschen Emigranten frequentierte
Hotel Tamaro
Piazza Giuseppe Motta 35
CH-6612 Ascona
+41 91 785 48 48
www.hoteltamaroascona.com

Treffpunkt einiger Schriftsteller war über Jahrzehnte das einfache und relativ günstige
Hotel Schiff-Battello
Piazza Giuseppe Motta 21
CH-6612 Ascona
+41 91 791 25 33
www.hotel-schiff-ascona.ch

Ein Höhepunkt jeden Aufenthalts – und durchaus erschwinglich – ist das abendliche Menü im pittoresken
Grotto Baldoria
Vicolo S. Omobono 9
CH-6612 Ascona
+41 91 791 32 98
www.grottobaldoria.ch

Literaturhinweise

Flach, Jakob: Ascona gestern und heute. Zürich/Stuttgart 1960

Grohmann, Adolf Arthur: Die Vegetarier-Ansiedlung in Ascona und die sogenannten Naturmenschen im Tessin. Halle 1904 [Neuausgabe: Ascona 1997]

Hofmann, Ida: Monte Verità. Wahrheit ohne Dichtung. Ascona 1906

Landmann, Robert: Monte Verità. Die Geschichte eines Berges. Berlin 1930 [Neuauflage: Ascona – Monte Verità. Auf der Suche nach dem Paradies. Von Ursula Wiese überarbeitete und ergänzte Ausgabe, unter Mitarbeit von Doris Hasenfratz. Zürich 1973]

Mühsam, Erich: Ascona. Eine Broschüre. Locarno 1905 [Neudruck: Berlin 1982]

Mühsam, Erich: Unpolitische Erinnerungen. Leipzig 1949

Oppenheimer, Wolfgang: Das Refugium. Erinnerungen an Ascona. München 1998

Rieger, Jonny: Ein Balkon über dem Lago Maggiore. Bern/München/Wien 2000

Riess, Curt: Ascona. Geschichte des seltsamsten Dorfes der Welt. Zürich 1964

Schwab, Andreas: Monte Verità – Sanatorium der Sehnsucht. Zürich 2003

Szeemann, Harald (Hrsg.): Monte Verità, Berg der Wahrheit. Lokale Anthropologie als Beitrag zur Wiederentdeckung einer neuzeitlichen sakralen Topographie. Mailand 1978

Von der Heydt, Eduard/Rheinbaben, Werner: Auf dem Monte Verità. Zürich 1958

Voswinckel, Ulrike: Freie Liebe und Anarchie. Schwabing – Monte Verità. Entwürfe gegen das etablierte Leben. München 2009

Welti, Francesco: Der Baron, die Kunst und das Nazigold. Zürich 2008

Welti, Francesco: Der Kaufhaus-König und die Schöne im Tessin. Max Emden und die Brissago-Inseln. Zürich 2010

Fußnoten

1 Die Welt, 07.10.2000

2 Der Querschnitt, Band 9/2, Berlin 1929

3 Riess, Curt: Ascona. Geschichte des seltsamsten Dorfes der Welt. Zürich 1964

4 Zit. nach: Lange, Wolfgang / Schnitzler, Norbert: Deutsche Italomanie in Kunst, Wissenschaft und Politik. München 2000, S. 7

5 Mühsam, Erich: Ascona und Wiedersehen mit Ascona. Zürich 1979, S. 10

6 Ebd., S. 20

7 Bonstettiana. Historisch-kritische Ausgabe von Bonstettens Schriften. Schriften über Italien 1800 bis 1808. Hrsg. und kommentiert von Doris und Peter Walser-Wilhelm und Anja Höfler unter Mitarbeit von Antje Kolde und Stefan Howald. Göttingen 2008, Band II, S. 470

8 Hier zit. nach: Baedeker, Karl: Die Schweiz. Handbuch für Reisende. Koblenz 1853, S. 343

9 Zit. nach: Landmann, Robert: Ascona – Monte Verità. Frankfurt / Berlin / Wien 1979, S. 79

10 Graf, Oskar Maria: Werkausgabe. Hrsg. von Wilfried Schoeller. Band 1: Wir sind Gefangene. Ein Bekenntnis aus diesem Jahrzehnt. München 1994, S. 411

11 Ida Hofmann an Adolf Arthur Grohmann, 12.11.1903. – Zit. nach: Grohmann, Adolf Arthur: Die Vegetarier-Ansiedlung in Ascona und die sogenannten Naturmenschen im Tessin. Halle 1904, S. 15

12 Mühsam, a.a.O., S. 96

13 Zit. nach: Stern, Theodor: Ein Besuch auf dem Monte Verità. – In: Die Gesundheit, 19.11.1904

14 Hofmann, Ida: Monte Verità. Wahrheit ohne Dichtung. Ascona 1906, S. 9

15 Mühsam, a.a.O., S. 97

16 Szytta, Emil: Das Kuriositäten-Kabinett. Konstanz 1923, S. 100

17 Mühsam, a.a.O., S. 97

18 Ebd., S. 98

19 Engelhardt, August / Bethmann, August: Hoch der Äquator! Nieder mit den Polen! Eine sorgenfreie Zukunft im Imperium der Kokusnuss. Hrsg. von Dieter Kiepenkracher. Norderstedt 2012, S. 120

20 Zit. nach: Landmann, a.a.O., S. 31

21 Ferien-Journal, 11.09.1954

22 Mühsam, Erich: Ascona. Eine Broschüre. Berlin 1982, S. 31

23 Hesse, Hermann: Gesammelte Schriften. Hrsg. von Volker Michels. Frankfurt am Main 1968, Band 2, S. 453

24 Zit. nach: Prinz, Alois: Und jedem Anfang wohnt ein Zauber inne. Die Lebensgeschichte des Hermann Hesse. Frankfurt am Main 2006, S. 149

25 Hesse, Hermann: Materialien zu Hermann Hesses »Siddhartha«. Hrsg. von Volker Michels. Frankfurt am Main 1974, Band 2, S. 346

26 Hugo Ball an Tristan Tzara, 15.09.1916. – Zit. nach: Ball, Hugo: Briefe 1911–1927. Einsiedeln / Zürich / Köln 1957, S. 64

27 Die Angaben beziehen sich auf die Jahre 1906 bis 1909. Siehe: Schwab, Andreas: Monte Verità – Sanatorium der Sehnsucht. Zürich 2003, S. 142

28 Franziska zu Reventlow an Paul Stern, [Dezember 1910]. – Zit. nach: Reventlow, Franziska zu: Sämtliche Werke in sechs Bänden. Hrsg. von Martin-M. Langner. Werke 5 – Briefe II: Briefe 1893 bis 1917, Paderborn 2004, S. 264

29 Zit. nach: Mühsam, a.a.O., S. 64

30 Mühsam, a.a.O., S. 64

31 Franziska zu Reventlow an Paul Stern, [Dezember 1910]. – Zit. nach: Reventlow, a.a.O., S. 263

32 Franziska zu Reventlow an Paul Stern, [August 1911]. – Zit. nach: Reventlow, a.a.O., S. 285

33 Hans Brandenburg: München leuchtete. München 1953. – Hier zit. nach: Voswinckel, Ulrike: Freie Liebe und Anarchie. Schwabing – Monte Verità. Entwürfe gegen das etablierte Leben. München 2009, S. 98

34 So die Einschätzung von Ulrike Voswinckel, siehe: Voswinckel, a.a.O., S. 126

35 Zit. nach: Riess, a.a.O., S. 97

36 Time, 09.10.1933. – Zit. nach: Gilbert, Julie: Erich Maria Remarque und Paulette Goddard. Biographie einer Liebe. München 1997, S. 217

37 Zit. nach: Bauschinger, Sigrid: Exil im Exil. Else Lasker-Schüler in Ascona. – In: Romantik und Exil. Festschrift für Konrad Feilchenfeldt. Hrsg. von Claudia Christophersen und Ursula Hudson-Wiedenmann in Zusammenarbeit mit Brigitte Schillbach. Würzburg 2004, S. 399f.

38 Lasker-Schüler, Else: Mein blaues Klavier. Berlin 2006, S. 51

39 Josephson, Mirjam: Ascona in Zeiten der Emigration. – In: Romantik und Exil, a.a.O., S. 412

40 Fernsehinterview aus dem Jahr 1966, hier zit. nach: Dolce Vita am Lago Maggiore. Arte, 10.08.2007

41 Joachim Sartorius bei einem Pressegespräch in der Schweizerischen Botschaft in Berlin, 19.02.2013

Dank an

Romeo Meyer (St. Gallen), Toni von Tuason †
(Ronco sopra Ascona), Andrea Wildi (Ascona),
Evelyn und Marco Witzig (Ascona), Daniela
Zimmermann (Ascona)

Bali

Adressen

Charlie Chaplin und Vicki Baum wohnten in dem 1928 als erstes Hotel auf der Insel erbauten, im Zentrum der Hauptstadt Denpasar gelegenen Bali Hotel, dem heutigen
Inna Bali Hotel
Jalan Veteran 3
ID-8011 Denpasar
+62 361 22 56 81
www.innabalihotel.com

Wer nach Bali reist, sollte zumindest einige Tage in Ubud, dem kulturellen Zentrum der Insel, verbringen. Unverzichtbar ist ein Besuch der bedeutenden Museen.
Museum Puri Lukisan
Jalan Raya Campuhan
ID-80571 Ubud
+62 361 975136
www.museumpurilukisan.com

Neka Art Museum
Jalan Raya Campuhan
ID-80571 Ubud
+62 361 975074
www.museumneka.com

Das einzige Originalgemälde von Walter Spies auf Bali ist zu sehen im

Agung Rai Museum of Art
Jalan Raya Pengosekan
ID-80571 Ubud
+62 361 976659
www.armabali.com

Rund um das Gästehaus von Walter Spies ist eine in die Natur eingefügte Hotelanlage mit zwei Swimmingpools und einem originell eingerichteten Spa entstanden.
Hotel Tjampuhan & Spa
Jalan Raya Campuhan
ID-80571 Ubud
+62 361 975368
www.hoteltjampuhan-bali.com

Wie das Hotel Tjampuhan ist auch das an einem Hang mit Blick auf den Fluss Ayung gelegene Royal Pita Maha im Besitz der königlichen Familie. Man wohnt äußerst luxuriös und komfortabel in einer der 52 etwa 300 bis 400 Quadratmeter großen, geschmackvoll eingerichteten Villen mit Garten, privatem Pool und Terrasse.
The Royal Pita Maha
Jalan Raya Desa Mas
ID-80571 Ubud
+62 361 980022
www.royalpitahama-bali.com

Literaturhinweise

Atkins, Gary L.: Imagining Gay Paradise. Hongkong 2012
Blubacher, Thomas: Walter Spies und die Insel der Dämonen. – In: Der Bund, 10.02.2001
Gottowik, Volker: Die Ethnographen des letzten Paradieses: Victor von Plessen und Walter Spies in Indonesien. Bielefeld 2010
Meier, Theo / Mayer, Fred: Bali – Insel der Götter, Geister und Dämonen. Zürich 1975
Nottelmann, Nicole: Die Karrieren der Vicki Baum.
Köln 2007
Rhodius, Hans: Schönheit und Reichtum des Lebens. Walter Spies (Maler und Musiker auf Bali 1895–1942). Eine Autobiographie in Briefen mit ergänzenden Erinnerungen. Den Haag 1964
Stowell, John: Walter Spies. A Life in Art. Jakarta 2012
Vickers, Adrian: Bali. Ein Paradies wird erfunden. Bielefeld 1996

Fußnoten

1 Uhu, Juni 1925
2 Zit. nach: Rhodius, Hans: Schönheit und Reichtum des Lebens. Walter Spies (Maler und Musiker auf Bali 1895–1942). Eine Autobiographie in Briefen mit ergänzenden Erinnerungen. Den Haag 1964, S. 207f.
3 Beinhorn, Elly: Alleinflug. Mein Leben. München 2008, S. 152
4 Ebd., S. 157
5 Ebd., S. 158
6 Zit. nach: Vickers, Adrian: Bali. Ein Paradies wird erfunden. Bielefeld 1996, S. 154
7 Zit. nach: Nottelmann, Nicole: Die Karrieren der Vicki Baum. Köln 2007, S. 233
8 Zit. nach: Nottelmann, a.a.O., S. 236
9 Zit. nach: Nottelmann, a.a.O., S. 236f.
10 Siehe dazu: Nottelmann, a.a.O., S. 236
11 Tagebucheintrag vom 06.04.1938. – Sinngem. zit. nach: Mann, Thomas: Tagebücher 1937–1939. Hrsg. von Peter de Mendelsohn. Frankfurt am Main 2003, S. 204
12 Zit. nach Nottelmann, a.a.O., S. 375

13 Zit. nach: Wenk, Klaus: Theo Meier. Bilder aus den Tropen. Zürich 1980, S. 34
14 Meier, Theo: Zwei Wochen Bali. – In: Meier Theo / Mayer, Fred: Bali – Insel der Götter, Geister und Dämonen. Zürich 1975, S. 6
15 Ebd., S. 6–8
16 W. F. Stutterheim an Walter Spies, 31.08.1922. – Zit. nach: Stowell, John: Walter Spies. A Life in Art.
Jakarta 2012, S. 157. Im Original englisch
17 Hirschfeld, Magnus: Weltreise eines Sexualforschers im Jahre 1931–32. Frankfurt am Main 2006, S. 188
18 Zit. nach: Stowell, a.a.O., S. 223. Im Original englisch
19 Zit. nach: Vickers, a.a.O., S. 158
20 Gespräch mit Arie Smit am 27.12.2012 in Ubud

Dank an

Marco Boldrini (Seminyak), I Wayan Bendi (Batuan), Agung Rai (Ubud), David Sandberg (Berlin), Arie Smit (Ubud), His Royal Highness Tjokorda Gde Putra Sukawati (Ubud) und I Gusti Agung Wiranata (Kepal)

Hiddensee

Adressen

Das Sommerhaus Gerhart Hauptmanns kann man individuell oder im Rahmen von Führungen besichtigen.
Gerhart-Hauptmann-Haus
Kirchweg 13
D-18565 Kloster
+49 38300 397
www.hauptmannhaus.de

Die bevorzugte Unterkunft von Prominenten wie Gustaf Gründgens oder Billy Wilder war das heutige Vier-Sterne-Hotel
Appartement-Haus Dornbusch
Weißer Weg 2–3
D-18565 Kloster
+49 38300 60400
www.hiddensee-dornbusch.de

Literaturhinweise

Baade, Michael / Stock, Wolf-Dietmar: Hiddensee. Insel der Fischer, Maler und Poeten. Fischerhude o. J. [1992]
Faust, Manfred: Das Capri von Pommern. Geschichte der Insel Hiddensee von den Anfängen bis 1990. Rostock 2001
Hörner, Unda: Auf nach Hiddensee! Die Bohème macht Urlaub. Berlin 2003
Jürgensohn, Arved: Hiddensee, das Capri von Pommern. Ein Reiseführer und Erinnerungsbuch. Liegnitz 1924 [Reprint Hamm / Leipzig 1997]
Seydel, Renate (Hrsg.): Hiddensee. Ein Lesebuch. München 2000

Fußnoten

1 Zit. nach: Seydel, Renate (Hrsg.): Hiddensee. Ein Lesebuch. München 2000, S. 94
2 Zit. nach: Seydel, a.a.O., S. 137
3 Zit. nach: Baade, Michael / Stock, Wolf-Dietmar: Hiddensee. Insel der Fischer, Maler und Poeten. Fischerhude o. J. [1992], S. 14
4 Zit. nach: Ebbinghaus, Karl: Hiddensee. Historie, Heimat, Humor. Königstein 1991, S. 132
5 Zit. nach: Seydel, a.a.O., S. 14
6 Zit. nach: Faust, Manfred: Das Capri von Pommern. Geschichte der Insel Hiddensee von den Anfängen bis 1990. Rostock 2001, S. 202
7 Zit. nach: Hülsen, Hans von: Tage mit einem Genius. München 1925, S. 25
8 Ettenburg, Alexander: Die Insel Hiddensee bei Rügen. Genannt »Dat söte Länneken«, das »Ostseebad der Zukunft«. Wolgast / Zinnowitz 1905, S. 20f.
9 Zit. nach: Faust, a.a.O., S. 110f.
10 Anzeige des Bergwaldhotels zum Klausner. – Zit. nach: Seydel, a.a.O., S. 151
11 Zit. nach: Seydel, a.a.O., S. 137
12 Anzeige des Hotels Hitthim. – In: Seydel, a.a.O., S. 149, singgem. zit.
13 Anzeige des Hotels zum Dornbusch. – In: Seydel, a.a.O., S. 150
14 Wilhelm Schmidtbonn, zit. nach: Seydel, a.a.O., S. 193f.
15 Zit. nach: Seydel, a.a.O., S. 144
16 Gustavs, Arnold: Gerhart Hauptmann und Hiddensee. Kleine Erinnerungen mit Briefen von Gerhart und Margarete Hauptmann. Hrsg. von Gustav Erdmann. Schwerin 1962, S. 33f.

17 Zit. nach: Seydel, a.a.O., S. 138
18 Hauptmann, Gerhart: Das dramatische Werk. Berlin 1974, Band 2, S. 576
19 Zit. nach Bernhardt, Rüdiger: Gerhart Hauptmanns Hiddensee. Hamburg 1996, S. 64
20 Zit. nach: Faust, a.a.O., S. 199
21 Undatierter Brief von Gustaf Gründgens an seine Eltern. Nachlass 316 Gustaf Gründgens, Staatsbibliothek zu Berlin, Preußischer Kulturbesitz
22 Nielsen, Asta: Die schweigende Muse. München 1979, S. 360

23 Ebd., S. 365
24 Ringelnatz, Joachim: Das Gesamtwerk in sieben Bänden. Berlin 1982, Band 2, S. 33
25 Zivier, Georg: Das Romanische Café. Berlin 1965, S. 92
26 Zit. nach Faust, a.a.O., S. 157
27 Zit. nach Faust, a.a.O., S. 157
28 Nielsen, a.a.O., S. 371f.
29 Noll Chaim: Ein Stück Niemandsland. – In: Ebbinghaus, a.a.O., S. 146

Dank an

Jürgen Neff (Hamburg)

St. Moritz

Adressen

An Grand Hôtels herrscht in St. Moritz kein Mangel. Das älteste ist das
Kulm Hotel
Via Veglia 18
CH-7500 St. Moritz
+41 81 836 80 00
www.kulm.com

Das international bekannteste Hotel ist das legendäre
Badrutt's Palace Hotel
Via Serlas 27
CH-7500 St. Moritz
+41 81 837 10 00
www.badruttspalace.com

Eine Institution als Bäckerei, Konditorei, Kaffeehaus und Tea-Room ist die schon von Vladimir Horowitz und Thomas Mann geschätzte
Confiserie Hanselmann
Via Maistra 8
CH-7500 St. Moritz
+41 81 833 38 64
www.hanselmann.com

Im nahen Sils Maria empfiehlt sich als traditionsreiche Unterkunft
Hotel Waldhaus

Via da Fex 3
CH-7514 Sils Maria
+41 81 838 51 00
www.waldhaus-sils.ch

In Sils Maria verbrachte Friedrich Nietzsche die Sommer 1881 und von 1883 bis 1888.
Nietzsche-Haus
CH-7514 Sils Maria
+41 81 826 53 69
www.nietzschehaus.ch

Das 1908 eröffnete Segantini Museum ist der ideale Ausstellungsraum für sein Hauptwerk, das *Alpentriptychon*
Segantini Museum
Via Somplatz 30
CH-7500 St. Moritz
www.segantini-museum.ch

Vom Bahnhof St. Moritz bieten sich spektakuläre Bahnfahrten (auch Tagesfahrten) in andere Ortschaften und die Engadiner Bergwelt mit den legendären Bahnen Glacier-Express und Bernina-Express an.
www.glacierexpress.ch
www.berninaexpress.ch

Literaturhinweise

Binney, Marcus: Badrutt's Palace St Moritz. Singapur 2004
du 768: Mythos St. Moritz. Alle Lust will Ewigkeit. Sulgen 2006
Flower, Raymond: The Palace. A Profile of St. Moritz. London 1982
Keller, Max: Via St. Moritz nach Hongkong und zurück. Hotelgeschichten. Zürich 2006

Riess, Curt: St. Moritz. Die Geschichte des mondänsten Dorfes der Welt. Zürich 1968
Ruf, Susanna: Fünf Generationen Badrutts. Hotelpioniere und Begründer der Wintersaison. Zürich 2010
Wanner, Kurt: Der Himmel schon südlich, die Luft aber frisch. Schriftsteller, Maler, Musiker und ihre Zeit in Graubünden 1800–1950. Chur 1993

1 Mann, Thomas: Briefe. Hrsg. von Erika Mann. Band 3: Briefe 1948–1955 und Nachlese. Frankfurt am Main 1965, S. 160

2 Benjamin, Walter: Briefe. Hrsg. von Gershom Scholem und Theodor W. Adorno. Frankfurt am Main 1993, Band 1, S. 144

3 Hesse, Hermann: Beschreibung einer Landschaft. Frankfurt am Main 1990, S. 207

4 Zit. nach: Hoffmann, David Marc: Nietzsche und die Schweiz. Zürich 1994, S. 14

5 Zweig, Stefan: Zeit und Welt. Frankfurt am Main 1981, S. 17

6 Zit. nach: Keller, Luzius: Proust im Engadin. Frankfurt am Main 1998, S. 89

7 Hesse, Hermann: Gesammelte Briefe. Band 2: 1922–1935. Frankfurt am Main 1979, S. 236f.

8 Nietzsche, Friedrich: Sämtliche Briefe. Kritische Studienausgabe Band 5: Januar 1875–Dezember 1879. München 2003, S. 423

9 Zit. nach: du 768: Mythos St. Moritz. Alle Lust will Ewigkeit. Sulgen 2006, S. 37

10 Zit. nach: Wanner, Kurt: Der Himmel schon südlich, die Luft aber frisch. Schriftsteller, Maler, Musiker und ihre Zeit in Graubünden 1800–1950. Chur 1993, S. 238

11 Ebd., S. 238

12 Edschmid, Kasimir: Das große Reisebuch. Von Stockholm bis Korsika. Von Monte Carlo bis Assisi. Berlin 1927, S. 36

13 Ebd., S. 42

14 Ebd., S. 35

15 Zit. nach: Ruf, Susanna: Fünf Generationen Badrutts. Hotelpioniere und Begründer der Wintersaison. Zürich 2010, S. 59

16 Schickele, René: Werke in drei Bänden. Hrsg. von Hermann Kesten. Köln 1959, Dritter Band, S. 1018

17 Ebd., S. 1020

18 Zweig, a.a.O., S. 17

19 Flake, Otto: Es wird Abend. Bericht aus einem langen Leben. Frankfurt am Main 1980, S. 395

20 Das Magazin, Nr. 64, 1929/30

21 Zit. nach: Weigel, Hans: Karl Kraus oder Die Macht der Ohnmacht. Wien 1968, S. 298

22 Kaiser, Georg: Briefe. Hrsg. von Gesa M. Valk. Berlin 1980, S. 772

23 Ebd., S. 765

24 Zit. nach: Wanner, a.a.O., S. 413

25 Zit. nach: Wanner, a.a.O., S. 413

26 Mann, Thomas: Tagebücher 1949–1950. Hrsg. von Inge Jens. Frankfurt am Main 2003, S. 221

27 Ebd., S. 225

28 Ebd., S. 227

29 Ebd., S. 239

30 Ebd., S. 240

31 Kästner, Erich: Dieses Na ja!, wenn man das nicht hätte! Ausgewählte Briefe von 1909 bis 1972. Hrsg. von Sven Hanuschek. Zürich 2003, S. 245

32 Ebd., S. 290

33 Edschmid, a.a.O., S. 34

Dank an

Hansjürg und Anikó Badrutt (St. Moritz), Anna Kristina Nücken (St. Moritz), Andreas Tobler (Schaffhausen)

Attersee

Adressen

Auf dem Gustav-Klimt-Themenweg kann man sich – auch mit Audio-Guide – auf die Spuren des Malers in Kammer, Seewalchen und Litzlberg machen.
www.klimt-am-attersee.at

Anlässlich seines 150. Geburtstages wurde 2012 das Gustav-Klimt-Zentrum eröffnet.
Gustav-Klimt-Zentrum
Hauptstraße 30
A-4861 Schörfling am Attersee
+43 7662 2578
www.klimt-am-attersee.at

Preiswerte Zimmer kann man in der Villa Paulick mieten, in der einst Gustav Klimt zu Gast war.

Villa Paulick
Promenade 12
A-4863 Seewalchen am Attersee
+43 7662 2412
www.attersee.salzkammergut.at

Wer schlafen möchte, wo einst Gustav Mahler nächtigte, kann das im einstigen Gasthof Zum Höllengebirge, inzwischen ein Haus mit 4-Sterne-Komfort, in dem man auch den Schlüssel zur Mahler-Gedenkstätte im Komponierhäuschen erhält.
Hotel Föttinger
Seefeld 14
A-4853 Steinbach am Attersee
+43 7663 8100
www.hotel-foettinger.at

Literaturhinweise

Bauer-Lechner, Natalie: Erinnerungen an Gustav Mahler. Leipzig/Wien/Zürich 1923
Bernard, Erich/Eiblmeyr, Judith/Rosenegger-Bernard, Barbara/Zimmermann, Elisabeth: Der Attersee. Die Kultur der Sommerfrische. Wien 2008
Blubacher, Thomas: »Gibt es etwas Schöneres als Sehnsucht?« Die Geschwister Eleonora und Francesco von Mendelssohn. Berlin 2008
Dickinger, Hans: Geschichte von Schörfling. Markt, Pfarre und Herrschaft Kammer. Schörfling 2002
Kriechbaumer, Robert (Hrsg.): Der Geschmack der Vergänglichkeit. Jüdische Sommerfrische in Salzburg. Wien/Köln/Weimar 2002
Sternthal, Barbara: Gustav Klimt. 1862–1918. Mythos und Wahrheit. Wien 2006
Strasser, Christian: Carl Zuckmayer. Deutsche Künstler im Salzburger Exil 1933–1938. Wien/Köln/Weimar 1996

Fußnoten

1   Zit. nach: Bernard, Erich/Eiblmeyr, Judith/Rosenegger-Bernard, Barbara/Zimmermann, Elisabeth: Der Attersee. Die Kultur der Sommerfrische. Wien 2008, S. 212
2   Gustav Klimt an Emilie Flöge, 01.08.1901. – Zit. nach: Zierau, Ulla: Der Zeit ihre Kunst – der Kunst ihre Freiheit. Gustav Klimt zum 150. Geburtstag, eine musikalische Annäherung. SWR 2, 28.06.2012
3   Siehe dazu: Bernard, a.a.O., S. 212
4   Zit. nach: Dickinger, Hans: Geschichte von Schörfling. Schörfling 2002, S. 401
5   Zit. nach: Dickinger, a.a.O., S. 318
6   Zit. nach: Schwarz, Hermine: Ignaz Brüll und sein Freundeskreis. Erinnerungen an Brüll, Goldmark und Brahms. Wien/Berlin/Leipzig/München 1922, S. 118
7   Bermann Fischer, Brigitte: Sie schrieben mir oder was aus meinem Poesiealbum wurde. München 1990, S. 73
8   Zit. nach: Blaukopf, Kurt: Gustav Mahler oder Der Zeitgenosse der Zukunft. Kassel/Basel 1989, S. 3
9   Zit. nach: Brusati, Otto/Schuh, Franz: Ausgesuchtes – Geschriebenes. Wien 2008, S. 133
10   Blaukopf, Herta (Hrsg.): Gustav Mahler. Briefe. Wien 1996, S. 186
11   Gustav Mahler am Attersee. Dokumente, Berichte, Photographien. Hrsg. von der Internationalen Gustav Mahler Gesellschaft. Wien 1985, S. 4
12   Walter, Bruno: Thema und Variationen. Erinnerungen und Gedanken. Stockholm 1947. – Hier zit. nach: Bernard, a.a.O., S. 28
13   Bauer-Lechner, Natalie: Erinnerungen an Gustav Mahler. Leipzig/Wien/Zürich 1923, S. 35
14   Ebd., S. 36f.
15   Ebd., S. 35
16   Ebd., S. 36
17   Ebd., S. 49
18   Thimig-Reinhardt, Helene: Wie Max Reinhardt lebte … eine Handbreit über dem Boden. Frankfurt am Main 1975, S. 109
19   Joseph, Albrecht: Portraits 1. Aachen 1993, S. 204
20   Zuckmayer, Carl: Als wär's ein Stück von mir. Horen der Freundschaft. Frankfurt am Main 1966, S. 57
21   Zit. nach: Acosta, Mercedes de: Hier liegt das Herz. Die Geschichte eines Lebens. Göttingen 1996, S. 324.
22   Buckle, Richard (Hrsg.): Self Portrait with Friends. The Selected Diaries of Cecil Beaton 1926–1974. London 1979, S. 43
23   Klaus Mann an Katia Mann, 22.08.1936. Monacensia München
24   Zit. nach: Zuckmayer, a.a.O., S. 72
25   Salzburger Volksblatt, 15.09.1938

Dank an

Peter Michael Braunwarth (Wien), Carl Christoph Bernoulli † (Basel), Maria Guttenbrunner-Zuckmayer (Raabs an der Thaya), Michael Heltau (Wien), Walter Höller (Schörfling), Grace Jeszenszky (Kammer), Elisabeth und Hans Max-Theurer (Kammer), August Mayer (Schörfling), Johannes und Roland Widerin (Salzburg)

Capri

Adressen

Eine Besichtigung lohnt die täglich außer Montag geöffnete
Villa Lysis
Via Lo Capo
I-80073 Capri
+39 081 8386111
www.cittadicapri.it

Auch den einstigen Wohnsitz Axel Munthes kann man besuchen.
Villa San Michele
V.le Axel Munthe 34
I-80071 Anacapri
+39 081 8371401
www.villasanmichele.eu

Das traditionsreichste Luxushotel auf der Insel ist das
Grand Hotel Quisisana
Via Camerelle, 2
I-80073 Capri
+39 081 8370788
www.quisisana.com

Das einst von Deutschen bevorzugte Hotel Pagano, das älteste der Insel, heißt nun
Hotel La Palma
Via Vittorio Emanuele 39
I-80073 Capri
+39 081 8370133
www.lapalma-capri.com

Literaturhinweise

Helwig, Werner: Capri. Magische Insel. Frankfurt am Main 1979
Kesel, Humbert: Biographie einer Insel. München 1971
Peyrefitte, Roger: Exil in Capri. [Roman]. Karlsruhe 1965

Setz, Wolfram: Jacques d'Adelswärd-Fersen. Dandy und Poet. Hamburg 2005
Sonnentag, Stefanie: Spaziergänge durch das Capri und Neapel der Literaten und Künstler. Zürich / Hamburg 2003

Fußnoten

1   Text: Ralph Maria Siegel. – Zit. nach: Moritz, Rainer: Der Schlager. – In: François, Etienne / Schulze, Hagen (Hrsg.): Deutsche Erinnerungsorte. München 2009, Band III, S. 201–220, hier: 209

2   Eintrag Kopischs ins Gästebuch des Hotels Pagano. – Zit. nach: Il Gabbiano di Capri, Nr. 31, Herbst/Winter 2001, S. 10

3   Fontane, Theodor: Werke, Schriften und Briefe. Hrsg. von Walter Keitel und Helmuth Nürnberger. München 1994, Band I/5, S. 374

4   Hauptmann, Gerhart: Das gesammelte Werk. Berlin 1942, 1. Abteilung, 14. Band, S. 605

5   Baedeker, Karl: Unteritalien, Sizilien, Sardinien, Malta, Korfu. Handbuch für Reisende. Leipzig 1911, S. 175

6   Heyse, Paul: Jugenderinnerungen und Bekenntnisse. 1. Band: Aus dem Leben. Stuttgart / Berlin 1912, S. 168

7   Propaganda, 15.10.1902. – Zit. nach: Epkenhans, Michael / Stremmel, Ralf (Hrsg.): Friedrich Alfred Krupp: Ein Unternehmer im Kaiserreich. München 2010, S. 173

8   Zit. nach: Die Zeit, 25.07.2002

9   Vorwärts, 15.11.1902

10   Heine, Heinrich: Reisebilder. Hamburg 1829, Band III, S. 335

11   Platen, August von: Gesammelte Werke. Stuttgart / Tübingen 1839, S. 119

12   Vanity Fair, Nr. 47/1984

13   Zit. nach: Schön, Sonja: Meta von Salis-Marschlins. – In: Il Gabbiano di Capri, Nr. 51, Herbst/Winter 2011, S. 11

14   Rilke, Rainer Maria: Briefe. Frankfurt am Main 1987, 1. Band, S. 156f.

15   Zit. nach: Die Welt, 04.08.2009

16   Peyrefitte, Roger: Exil in Capri. Karlsruhe 1965, S. 341f.

17   Zit. nach: Kesel, Humbert: Biographie einer Insel. München 1971, S. 269

18   Andersen, Hans Christian: »Ja, ich bin ein seltsames Wesen …« Tagebücher 1825–1875. Göttingen 2000, S. 113

19   Twain, Mark: Reise durch die alte Welt. Hamburg 1965, S. 232

20   Brecht, Bertolt: Werke. Große kommentierte Berliner und Frankfurter Ausgabe. Berlin 1998, Band 18, S. 212

21   Boulton, James T. / Robertson, Andrew (Hrsg.): The Letters of D. H. Lawrence. Part 2, Volume 3: October 1916–June 1921. Cambridge 1984, S. 462. Im Original englisch

22   Siehe dazu: Hergemöller, Bernd: Mann für Mann. Biographisches Lexikon zur Geschichte von Freundesliebe und mannmännlicher Sexualität im deutschen Sprachraum. Münster 2010, S. 1128f.

23   Der Spiegel / KulturSpiegel, 30.07.2007

Personenregister

Bildnachweis

Umschlaggestaltung: Kuni Taguchi
Verwendete Bilder vorne: (v.l.n.r.) Rudolf von Laban und seine Tänzerinnen und Tänzer in Ascona, 1914 © 2013 Kunsthaus Zürich / Johann Adam Meisenbach, Nachlass Suzanne Perrottet; St. Moritz: akg-images; Capri: historische Postkarte; Thomas Mann und Hermann Hesse: picture-alliance/Keystone; unten: ullstein bild – Prisma / Engler Stephan
Verwendete Bilder hinten: (im Uhrzeigersinn) Hiddensee: ullstein bild – Haddenhorst; Thomas Mann und Gerhart Hauptmann, Familie und Freunde: ullstein bild – ullstein bild; Elsa Maxwell und Gunter Sachs: ullstein bild – ullstein bild; Bali: picture-alliance / Bruno Morandi / Robert Harding

akg-images: S. 84; akg / imagno: S. 4, S. 100, S. 103, S. 105 (o.), S. 105 (u.), S. 107, S. 110, S. 118

Sammlung Dr. Ing. Wilfried de Beauclair, Reichelsheim: S. 14

Thomas Blubacher, Basel: S. 10, S. 29, S. 34, S. 43, S. 51

Sammlung Blubacher / Foto: Atelier Binder, Berlin: S. 114

The Casati Archives / Carl L. T. Reitlinger: S. 134

Deutsches Historisches Museum, Berlin / Arne Psille: Fidus, Lichtgebet © VG Bild-Kunst, Bonn 2013: S. 19

Deutsches Literaturarchiv Marbach: S. 18

Hugo Erfurth, Walter Spies, 1920 © VG Bild-Kunst, Bonn 2013: S. 38

Archiv Fellmann: S. 17

Fotoladen Hiddensee / Max Ebel: S. 72

Fotolia / DeVice: S. 63

Heimatmuseum Hiddensee: S. 69

Historische Postkarten und Dokumente : S. 15, S. 58, S. 61, S. 65, S. 81, S. 82, S. 85, S. 86, S. 97

Paul Hoecker, Nino Cesarini, aus: Goodbye to Berlin? 100 Jahre Schwulenbewegung, Verlag rosa Winkel, Berlin 1997: S. 129

Interfoto: S. 106 Interfoto / Mary Evans; S. 123 Interfoto / JTB Photo; S. 137 Interfoto / Photoaisa; S. 138/139 Interfoto / Global Travel Images

Kunsthaus Zürich / Johann Adam Meisenbach, Nachlass Suzanne Perrottet: S. 23

Kunstmuseum Ahrenshoop / Robert Dämmig: Max Kaus, Badende auf Hiddensee, 1923 © VG Bild-Kunst, Bonn 2013: S. 59

Museum für Gestaltung Zürich, Plakatsammlung: S. 83

picture-alliance: S. 4, S. 36 picture-alliance / Bruno Morandi / Robert Harding; S. 79 picture-alliance / Keystone; S. 96 picture-alliance / dpa – Report; S. 122 picture-alliance / Bildagentur-online / TIPS-Images; S. 133 picture-alliance / akg-images

Teatro San Materno, Ascona: S. 24, S. 25

Schweizerische Nationalbibliothek / H. Oedenkoven, Sanatorium Monte Verità: S. 13 (o.)

Giorgio Sommer: S. 124

Aus: John Stowell: Walter Spies. A Life in Art, Afterhours Books, Jakarta 2012: S. 39, S. 41, S. 42, S. 45, S. 53

ullstein bild: S. 31, S. 57, S. 65 (o.), S. 65 (u. r.), S. 86 (o.), S. 88, S. 89, S. 92, S. 95, S. 98; S. 1, S. 120 ullstein bild – imagebroker.net / Helmut Corneli; S. 4, S. 56 ullstein bild –Haddenhorst; S. 7, S. 8, S. 32, S. 80 ullstein bild – Prisma / Gerth Roland; S. 20 ullstein bild – Philipp Kester; S. 22 ullstein bild – Iberfoto; S. 26 ullstein bild – Chromorange / TIPS-Images / Gianc; S. 37 ullstein bild – Stary; S. 44, S. 47, S.73 ullstein bild – Süddeutsche Zeitung Photo / Scherl; S. 48 ullstein bild – Chromorange / TIPS-Images / Luca; S. 54 ullstein bild – Euroluftbild.de / Hans Blossey; S. 66, S. 78, S. 86 (u.), S. 90, S. 91 ullstein bild – Alfred Eisenstaedt; S. 71 ullstein bild – Rainer Binder; S. 75 ullstein bild – CARO / Kaiser; S. 76 ullstein bild – imagebroker.net / Michael Szönyi; S. 109, S. 113, S. 115, S. 119 ullstein bild – Imagno; S. 102, S. 105 (m.) ullstein bild – Imagno / VHS-Archiv; S. 117 ullstein bild – Heritage Images / Keystone Archives; S. 125 ullstein bild – Brunsch; S. 126 ullstein bild – Photo12 / Société Francaise de Photographie; S. 127 ullstein bild – Prisma / Leiva Alvaro; S. 130 ullstein bild – Photo12; S. 131 ullstein bild – Prisma / Van der Meer Rene; S. 132 ullstein bild – Lebrecht Music & Arts

Verlag.atelier im bauernhaus, Fischerhude: S. 68

www.ticinarte.ch: S. 28

Verlag und Autor haben sich nach besten Kräften bemüht, die erforderlichen Reproduktionsrechte für alle Abbildungen einzuholen. Für den Fall, dass etwas übersehen wurde, sind wir für Hinweise dankbar.